Dear Mary, dear John,

  May this book gives you an impression
of Leipzig. We hope you will spend
your next vacation with us!
Love

    Andreas,   Annett

    Tina & Daniel

LEIPZIG

LEIPZIG

Text und Fotos
von Renate und Roger Rössing
Übersetzungen ins Englische
von Patrick Plant
Übersetzungen ins Französische
von Atlantica

HINSTORFF

Die Deutsche Bibliothek – CIP Einheitsaufnahme
Leipzig / Text und Fotos von Renate und Roger Rössing. Übers.
ins Engl. von Patrick Plant. Übers. ins Franz. : von Atlantica. –
Rostock : Hinstorff, 1995
ISBN 3-356-00649-5
NE: Rössing, Renate; Rössing, Roger; Plant, Patrick [Übers.]

© Hinstorff Verlag GmbH, Rostock 1995
1. Auflage 1995
Herstellung: Druck- und Verlagshaus Erfurt GmbH
Printed in Germany
ISBN 3-356-00649-5

Thomaskirche,
spätgotische Hallenkirche
(1482-1496 C. Roder),
später Wirkungsstätte
Johann Sebastian Bachs

Seite 7:
Denkmal für
Johann Sebastian Bach
hinter der Thomaskirche,
von Carl Seffner, 1908.

DIE STADT
UND IHR UMLAND

Mit einer Stadt ist es wie mit einem Menschen: Will man sie kennenlernen, muß man sie befragen. Muß man ihr in die Augen sehen. Zu ergründen versuchen, woher ihre Falten kommen. Muß ihr Lachen hören und ihre Seufzer. Muß ausfindig machen, wer ihr die Wunden geschlagen hat, die die sichtbaren

Dieses Leipzig
ist eine schauerliche Stadt.
Joachim Ringelnatz 1927

Narben hinterließen; wie die Gefährten aussahen, die sie glücklich machten, und wie die Halunken, die ihr Böses antaten. Muß ihre Gönner erkennen, ihre Rivalen, ihre Helfer und ihre Schmarotzer. Muß schließlich ermitteln, ob sie Gutes bewirkt, Schlechtem Vorschub geleistet oder beides in ein menschliches Verhältnis zueinander gebracht hat. Ein Mensch, eine Stadt, sie sind nicht schwarz oder weiß; nicht glanzvoll oder miserabel, nicht verrucht oder vorbildlich. Sondern sie sind von allem etwas. Wir neigen dazu, die Dinge nicht nach dem zu beurteilen, was sie eigentlich sind, sondern vielmehr nach dem, was wir von ihnen erwarten, welche Wünsche wir an sie richten, was wir uns von selbst in sie hineinprojizieren. Wer nicht bereit ist, sich am Gegenstand (am Menschen, an der Stadt), an seiner Vergangenheit, seinem Charakter, seinem Fluidum und seiner Nachwirkung zu informieren, der kann nicht anders urteilen als: falsch.

Ist sie alt, unsere Stadt? Gewiß, die Ewige Stadt, Rom, wurde fast tausend Jahre vor unserer Zeitrechnung gegründet, mithin ist die unsere zweitausend Jahre jünger und mit ihren etwa 800 Jahren ein blutjunges Ding. Vergleicht man sie dagegen mit Brasilia, das seit 1960 Stadtrecht hat, scheint sie hochbetagt. Doch was soll solche Einordnung? Wieder ist es wie bei den Menschen: Manche sind schon in mittleren Jahren innerlich zu Greisen verdämmert; andere zeigen, schon hoch in den Jahren, noch immer Merkmale unbekümmerter Jugendlichkeit. Veranlagung? Lebenweise? Erziehung durch Nachbarn, Freunde, Feinde? Ist es vielleicht wie im Märchen? Daß einer, der vom Wasser des Jungbrunnens kostet, plötzlich die Runzeln verliert, aber auch den Verstand? Nein, Leipzig ist kein Märchen. Sondern handfeste Realität. Tatsache. Wirklichkeit. Wer wollte aber leugnen, daß zur Bewältigung von Gegenwart und zur Konstruktion von Zukunft Phantasie gefragt ist: der Schoß, aus dem schon immer die Märchen geboren wurden?

Auf der anderen Seite unseres Hauses war der Anlegeplatz für einen, nein für den einzigen Vergnügungsdampfer von Leipzig. Und zwar an der Stelle, wo Marschall Poniatowski 1813 in der Elster ertrank. Der Dampfer war immerhin so groß, daß er in dem schmalen Fluß nie wenden, sondern nur vor- und rückwärts fahren konnte. Auf diesem Dampfer mitzureisen, war mir höchste Wonne. Ich kannte bald das Schiffspersonal und fühlte mich sehr seemännisch, wenn ich an Sonntagen den einsteigenden Fahrgästen die Billetts abnehmen oder zur Abfahrt die Glocke schlagen durfte. **Joachim Ringelnatz 1929**

Sehen wir ihr ins Gesicht, unserer Stadt. Ihre Gesichtszüge, das sind die Straßenzüge. Ihr Antlitz ist die Architektur. Und am architektonischen Erscheinungsbild kann man ablesen, welche Entwicklungen eine Stadt durchgemacht hat. Immer dann, wenn die Wirtschaft floriert, dehnt sich die Stadt aus. In Niedergangszeiten, verursacht durch Krieg, Brand, Epidemie, Miß-

Glasfenster im Inneren
der Thomaskirche aus dem
19. Jahrhundert.

Seite 11:
Der Thomanerchor
ist einer der drei
berühmten deutschen
Knabenchöre.

Bild Seite 14/15:
Der Blick vom Universitätshochhaus gibt Einblick
in die rege Bautätigkeit
der Gegenwart.

wirtschaft, verfällt sie. Die erste Blütezeit Leipzigs lag im 12. Jahrhundert, als die Marktsiedlung expandierte und ihr das Stadtrecht verliehen wurde. Dreihundert Jahre später brachte das kaiserliche Messeprivileg den Aufschwung. Im 18. Jahrhundert sind die mittelalterlichen Wehranlagen zum engen Korsett geworden, sie müssen anwachsendem Verkehr und wuchernder Baulichkeit Platz machen. Nochmals hundert Jahre später: Dampfmaschine, Eisenbahn und Elektrizität schaffen die Voraussetzung für die industrielle Revolution, die wiederum Stadtexpansion zur Folge hat. Ab 1945: Aufbauphase nach den verheerenden Zerstörungen des zweiten Weltkrieges. Wohnraum wird gebraucht, die legendären „Trümmerfrauen" schaffen es, fast mit bloßen Händen aus dem Schutt wieder den Platz für eine bewohnbare Stadt zu machen. Nach 1990: In der wohl spektakulärsten Umbruchepoche ihrer Geschichte erneuert sich die Bausubstanz grundlegend; werden die gewachsenen Strukturen in einem Maße modernisiert, daß die Gefahr des Identitätsverlustes am Horizont steht.

Nahe bey der Stadt flissen zimliche Wasser, die Pleis, Elster, Barde vnd Lupa, die geben der Stadt eine gutte notturfft, wolgeschmakte Fische vnd sieben Mühlen wassers genungsam.

Ulrich Gross 1587

Sechs erkennbare „Jahresringe" sind das. Und wer zu sehen und aus dem Gesehenen Schlüsse zu ziehen vermag, beginnt Leipzig schon ein wenig kennenzulernen.

Wenn man sie mit der anderer Städte vergleicht, hat die Leipziger Umgebung nur sehr bescheidene Reize. Berge sucht man weit und breit vergebens. Kein Strom bestimmt ihr Stadtbild, ihre drei Flüßchen sind im Stadtkern kaum noch wahrzunehmen; aber es gibt Bestrebungen, Parthe und Pleiße wieder ans Tageslicht zu holen, die Elster zum Verkehrsweg zu machen, der die Stadt an die Elbe anbindet und damit den Traum von der „Seestadt Leipzig" Wirklichkeit werden läßt. In unmittelbarer Nähe hat rück-

sichtsloser Braunkohleabbau Auenwälder, Äcker und Dörfer in wahre Mond-
landschaften verwandelt. Freilich sind nun schon findige Architekten und
Landschaftsdesigner am Werk, aus diesen von Baggern zernagten, geschun-
denen Erdstrichen Erholungsregionen oder Abenteuerbereiche oder grüne
High-Tech-Paradiese zu zaubern. So kann sich die Stadt eines Tages vielleicht einer malerischen Lage rühmen.

Schön sind Leipzigs Grünanlagen, und ausgedehnter als man zunächst an-
nimmt. Es gibt große innerstädtische Parks mit Wasseranlagen, gleich beim
Zoo das Rosental, so lieblich wie sein Name, und im Frühjahr ziehen die
Düfte des Bärlauchs über seine Wiesen, nicht zu jedermanns Ergötzen. Hier
hätte die Stadt zu Zeiten Augusts des Starken beinahe ein Schloß bekom-
men, aber dem König ging vorher das Geld aus. Johannapark und Palmengarten haben eine imponierende Fontäne, kleine Brückchen führen über die
Gewässer zu Pavillons und Terrassen. Und es gibt daneben noch Zetkin-,
Mariannen- und zahlreiche kleine Volksparks. Als auf dem Uni-Hochhaus
noch ein Café war, konnte man wie aus dem Flugzeug studieren, daß das Grau

In Leipzig trifft man noch heute nicht bloß in den jetzt zum Teil
zu schönen Parkanlagen umgestalteten Wäldern des Südens und
Nordens, sondern nicht minder auf den völlig reizlosen Straßen
der östlichen Umgebung des Sonntags Scharen von Spaziergän-
gern. Der Mensch, so könnte man vielleicht sagen, liebt die freie
Natur umso mehr, je ärmer diese Natur selbst ist.
Wilhelm Wundt 1875

des Straßen- und Plätze-Netzes immer wieder von freundlichem Grün
durchzogen ist. Bald schon wird man dieses Bild auch vom hohen Rathaus-
turm haben, auf dem ein Aussichtsrestaurant entsteht. Der Auensee, an dem
sich heute ein internationaler Campingplatz befindet, hat seine Existenz der
Industrialisierung zu verdanken: Er war die Baugrube für den Hauptbahnhof. Und der Kulkwitzer See, heute ein Eldorado der Surfer und Segler, mit
einem „Schiff im Ruhestand" als Restaurant, ist ein rekultivierter Tagebau.

LEIPZIGER
LEUTE

Die Leipziger sind ein lustiges Völkchen. Etwas anders sind sie als andere Sachsen. Leipzig war nie Residenzstadt. Das unterscheidet die Eigenheiten seiner Einwohner von den Dresdnern. Dort ist mehr elitäre Attitüde zu Hause (es gab den Hof, die Hofbeamten, die Hoflieferanten), mehr Distanz, auch mehr Kulturbeflissenheit. Hier dagegen spürt man eher den praktischen Verstand der Kaufleute, den Bürgerfleiß, die Pfiffigkeit der Krämer, die Respektlosigkeit der Unabhängigen. Dort thronte über den Köpfen der König; hier nistete in den Köpfen die Republik.

Auch der Leipziger Dialekt unterscheidet sich ein wenig vom übrigen Sächsisch; aber nur Insider können die Merkmale in der Sprachmelodie und im Vokabular wirklich orten. Über unsere Mundart kann man sehr unterschiedlicher Meinung sein. Grillparzers Urteil über das Leipzigerische ist nahezu vernichtend: „Die Sprache dieser Leute beleidigt mein Ohr! Sie dehnen jede Silbe, hängen überall ein Lieblings-E an, so daß ihre Sprache endlich ein förmliches Mäh-mäh von Schafen wird." Luther dagegen hat das Sächsische als die deutsche Hochsprache angesehen. Seiner Bibel-Übersetzung liegt die meißnisch-sächsische Kanzleisprache zugrunde. Viele Einheimische tragen ob ihrer Sprachfärbung Minderwertigkeitskomplexe mit sich herum. Ihnen hat Lene Voigt, die Leipziger Heimatdichterin, gesagt: „Es gibt nichts Ulkigeres als einen Sachsen, der sich schämt, einer zu sein."

Was den Dialekt betrifft, da sind die meisten anderen Deutschen dem Leipziger gegenüber argwöhnisch. Ist ja auch unangenehm, nicht zu wissen, ob der Mann, mit dem man gerade spricht, nun Pyrotechniker oder Büro-Techniker ist.

Was hat es mit dem Begriff des Kaffeesachsen auf sich? Kein Volksstamm wird so mit der braunen Brühe verspottet wie wir (,awwr sieße muß'r sinn', zu deutsch: Aber süß muß er sein); und ,Bliemchen' heißt er, wenn er so dünn ist, daß man die Blümchen vom Tassendekor hindurch schimmern sieht. Das barocke Bürgerhaus am Ende des Barfußgäßchens, der ,Coffebaum', war das erste Kaffeehaus Sachsens. Es hat den Türken im Tür-Relief, dem ein Putto ,ä Schälchen Heeßen' (zu deutsch: ein Schälchen Heißen) kredenzt. Hier hat Robert Schumann mit seinen Davidsbündlern getagt, hat August der Starke getafelt, hier soll auch Napoleon seinen Kaffee getrunken haben. Sogar Johann Sebastian Bach, unser vielleicht bedeutendster Leipziger, hat sich mit dem sächsischen Nationalgetränk beschäftigt und die berühmte „Kaffee-Kantate" geschrieben.

Leipzig ist eine friedliche Stadt von stillem Frohsinn, freundlich für Fremde und aller Welt angenehm. Sie ist nicht Hauptstadt ihres Königreiches, aber es kann wohl sein, daß der geliebte Sandwich-Insulaner mehr von ihr weiß, als von dem Staat, zu dem sie gehört.

Gustav Freytag 1885

Essen und Trinken in Leipzig, ein Kapitel für sich. Die berühmte Leipziger Gose, von der der Lokalschriftsteller Hans Reimann sagt, sie sähe aus, als ob sie schon jemand getrunken hätte, ist ein obergäriges Bier, aber nach Rezept und Namen eine Kopie. Denn sie ist in Goslar zu Hause. An die festen Dinge, die regionaltypischen Speisen, knüpft sich allenthalben eine erzählenswerte Geschichte. Zum Beispiel die „Leipziger Lerchen". Man fing früher tatsächlich die hübschen Singvögel mit Netzen, schlachtete und rupfte sie, und in Butter gebraten galten sie als Delikatesse. Bis zu einem Tierschutzgesetz war noch ein weiter Weg. Und die wenigen Bürger, denen die Tierchen leid taten, hatten keine Stimme. Doch es kam das Jahr 1860. An einem Sommertag verdüsterte sich bedrohlich der Himmel über der Stadt, Blitze zuck-

Merkur, der antike
Gott der Händler
und der Diebe,
steht in einer
Nische des Roma-
nus-Hauses. Die
Skulptur stammt
wahrscheinlich von
B. Permoser, dem
Schöpfer der Dres-
dener Zwinger-
plastiken.

Seite 19:
Ein Teil des neu-
gestalteten Burg-
platzes

Die Mode ist der Tyrann, der diese Stadt beherrscht. Alles gleißt und schimmert von außen – so die Studenten – , aber von innen, wie ich einen schon kennengelernt habe, fehlt es an Kopf und Herz. Die Stutzer bedecken die Straße, bei schönen Tagen flattern sie herum wie die Schmetterlinge. einer gleicht dem andern. Sie sind wie Puppen im Marionettenspiel, und keiner hat das Herz, er selbst zu sein. Jean Paul 1781

ten aus den Wolken, Hagel prasselte nieder und zerschlug Dächer, Glasscheiben und Pflanzungen. Nachdem sich das Gewitter verzogen hatte, lagen in den Straßen massenhaft erschlagene Vögel. Aus war es mit den gebratenen Lerchen! Die Leipziger Bäckerinnung ergriff die Gelegenheit, die Marktlücke für sich zu nutzen: Es wurden die kleinen Gebäcke aus Mürbeteig, Marmelade und Mandeln erfunden, die in Leipzig heute noch als ,Leipziger Lerchen' Hochkonjunktur haben. Das „Leipziger Allerlei" ist außerhalb der Stadt viel bekannter. Der Schriftsteller Bernd Weinkauf sagt: „Irgend so ein Gemüse-Eintopf ist es nicht. Es ist das Gegenteil eines Gemüse-Eintopfes! Denn sonst hieße es zumindest Leipziger Einerlei." Da gehören nämlich neben Kohlrabi, Erbsen, Karotten, Blumenkohl und Spargel auch Morcheln und Krebsschwänze dazu. Krebse in der mitteldeutschen Tiefebene? Man sollte es nicht glauben, noch im vorigen Jahrhundert tummelte sich der ,Edelkrebs' massenhaft in Pleiße und Parthe und in ihren Kanälen.

Das erste, was die Frauen dort an mir tadelten, bezog sich auf die Kleidung; denn ich war vom Hause freilich wunderlich equipiert auf die Akademie gelangt... Als Herr von Masuren, der so beliebte poetische Dorfjunker, auf dem Theater in einer ähnlichen Kleidung auftrat und mehr wegen seiner äußeren als inneren Abgeschmacktheit herzlich belacht wurde, faßte ich Mut und wagte, meine sämtliche Garderobe gegen eine neumodische, dem Ort gemäße, auf einmal umzutauschen, wodurch sie aber freilich sehr zusammenschrumpfte.

Johann W. Goethe 1827

ARCHITEKTUR UND KUNST

Leipzigs schönstes Bauwerk dürfte das „Alte Rathaus" sein, ein Renaissancebau. Ratsbaumeister Hieronymus Lotter hat 1556 das Kunststück vollbracht, es zwischen zwei Messen zu erbauen. Fachleute, die es wissen müssen, zählen es zu den schönsten Rathäusern Deutschlands. Auf dem Platz davor ist ein Stadtwappen gepflastert. Ein Wappen, das man mit Füßen treten kann, mitten auf dem zehntausend Quadratmeter großen Markt, und darunter gibt es auch noch ein Messehaus – das erste unterirdische der Welt. Lange bevor der Markt so gepflastert wurde, nämlich 1527, hat man an dieser Stelle den Buchdrucker Hans Hergot mit dem Schwert vom Leben zum Tode befördert. Diese Tragödie hat Georg Büchner zu seinem „Woyzeck" angeregt. Und warum wurde Hergot getötet? Weil er ketzerische Bücher in die Stadt gebracht hatte.

Als das Neue Rathaus (weniger schön als das alte, aber mit 900 Räumen der stetig wachsenden Bürokratie angepaßt) im Jahr 1912 an der Stelle der alten Pleißenburg fertig wurde, hatten allen Ernstes einige Stadtväter die Absicht, den herrlichen Lotterbau am Markt mitsamt der Alten Börse abzureißen. Zum Glück hat sich damals ausnahmsweise die Vernunft gegen die Banausen durchsetzen können. Die gotische Thomaskirche, in der J. S. Bach von 1723 bis zu seinem Tode im Jahr 1750 die Stelle des Kantors bekleidete, und vor der das Denkmal für ihn steht, ist ein Anziehungspunkt für Touristen aus aller Welt. Der Bau hat eine originelle Besonderheit: Seine Mittelachse ist leicht geknickt. Der Baugrund ließ es nicht anders zu.

An die Renaissancezeit erinnert außer dem Rathaus nur wenig. Der schöne Erker von „Barthels Hof" wurde beim barocken Umbau des Hauses an

Bild Seite 22/23: Die Mädlerpassage ist eine der schönsten Leipziger Passagen. Am Eingang zu Auerbachs Keller erinnern zwei Figurengruppen von M. Molitor (1914) an den Faßritt aus Goethes „Faust".

die Hofseite versetzt; der erhalten gebliebene „Deutrichs Hof" in der Reichsstraße mußte in DDR-Zeiten einem häßlichen Plattenbau weichen.

Freunde der Barockbaukunst finden in der Innenstadt bemerkenswerte Objekte vor, so die Alte Börse hinter dem Rathaus (Goethe als galanter Student schreitet, in Bronze gegossen, mit einem Gedichtbändchen in der Hand auf Auerbachs Keller zu), die Ratswaage am Markt, Frege- und Bosehaus sowie das puttengeschmückte Haus des Bürgermeisters F. C. Romanus, der ein Günstling des sächsischen Königs war und später wegen Betrügerei auf der Festung Königstein festgesetzt wurde.

Eine architektonische Besonderheit Leipzigs sind seine Passagen. Geschützt vor Sturm, Regen und Schnee, kann man hier stundenlang von Laden zu

Nun einen herzhaften Atemzug – und zum Völkerschlachtdenkmal. Ich kenne es aus seinen Uranfängen. Am längsten dauerte das Ausschachten und das Unterbauen, das Errichten von Betonsäulen. Zwischen die Betonsäulen wurden Schutt und Asche hekatombenweise abgeladen. Es war eine abenteuerliche Ansammlung von Sprottenköpfen, Ölsardinenbüchsen, falschen Zöpfen, verbeulten Töpfen, Gießkannen und ausrangiertem Gerümpel, darauf die Ratten umherstoben, und ich habe mich oft staunenden Gehirns gefragt, ob es nötig sei, das Denkmal mit Moder zu bauen. Sage und schreibe 6 Millionen hat's verschlungen.

Hans Reimann 1929

Laden flanieren. Das macht Leipzig so schnell keine Stadt nach (vielleicht von Prag einmal abgesehen). Die prächtige unter den Passagen ist die Mädlerpassage, von der man in die historische Gaststätte „Auerbachs Keller" hinabsteigen kann. Hier soll der „Faßritt" stattgefunden haben, den Goethe in seinem „Faust" schildert. Aus der Szene in Auerbachs Kellers stammt übrigens auch das geflügelte Wort „Mein Leipzig lob ich mir, es ist ein Klein-Paris und bildet seine Leute". Daß Goethe dieses Wort einem Trunkenbold in den Mund gelegt hat, ist Indiz dafür, daß er es so ernst wohl nicht gemeint haben kann. Zwei eindrucksvolle bronzene Figurengruppen am

Eingang der Mädlerpassage verkörpern die Vorgänge um die Faustlegende. Neben dem Alten Rathaus gibt es noch ein zweites „Markenzeichen der Stadt", das unbescheiden-klotzige Völkerschlachtdenkmal in ihrem Südosten. Ein Lehrstück deutschen Hurra-Patriotismus, wie es für die wilhelminische Epoche nicht krasser auszudenken ist. Der Koloß besteht aus 300 000 Tonnen Granit und hat 6 Millionen Goldmark gekostet. Ein steinerner Beweis für die These, daß, was im Gedächtnis haften soll, nicht unbedingt schön sein muß. Ein viel ansprechenderes Denkmal für dieses schreckliche Völkerblutbad steht gar nicht weit entfernt: Die Russische Kirche, die zum Gedenken an die 22 600 gefallenen russischen Soldaten im byzantinischen Stil erbaut und ebenfalls 1913, zur Hundertjahrfeier der Schlacht bei Leip-

Nun war Leipzig gewiß nie eine auffallend schöne Stadt. Daß es ein Klein-Paris sei und seine Leute bilde, wird seit Goethe – dem auch Auerbachs Keller viel Beliebtheit verdankt – gerne und oft behauptet. Aber diesem Paris fehlen nicht nur der Louvre und die Tuilerien; die schon durch ihren Namen offenbar auf komische Wirkungen angelegte Pleiße vermag die Seine nicht zu ersetzen; und den Eiffelturm würde ich dem bombastischen Klotz des Völkerschlachtdenkmals denn doch vorziehen.

Rudolf W. Leonhardt 1961

zig, eröffnet wurde. Sehenswert ist ihre Bilderwand, der Ikonostas, mit seinen achtzehn Metern Höhe.

Was die bildende Kunst betrifft, so ist unsere Stadt überhaupt eine der besten deutschen Adressen! Die Kunsthochschule hat einen erstklassigen Ruf, Adam Friedrich Oeser, Goethes Zeichenlehrer, war ihr erster Rektor, der Bildhauer Max Klinger (sein „Beethoven" steht heute im Gewandhaus) hatte seit 1897 ein Lehramt inne. Die „Leipziger Schule" ist ein feststehender Begriff der Kunstwissenschaft; Max Schwimmer, der Illustrator mit der leichten Hand, war in Leipzig zu Hause, die besten Repräsentanten der DDR-Kunst arbeiteten hier, unter anderen das Dreigestirn Heisig, Mattheuer und Tübke (der in Frankenhausen das größte Ölgemälde Deutschlands auf die

Nach den Zerstörungen im Schmalkaldischen Krieg errichtete die Stadt Leipzig 1551 die Moritzbastei, die heute der letzte Rest der Stadtbefestigung ist und deren Räume unter anderem vom Studentenklub genutzt werden. Auf ihrem Dach finden wechselnde Ausstellungen statt. Im Hintergrund das Neue Gewandhaus von 1981.

Seite 27:
In der Ferne die Kuppel des Reichsgerichts (1888-95 von Hofmann und Dybwad)

Leipzig ruft dem Beschauer keine altertümliche Zeit zurück, es ist eine neue, kurz vergangene, von Handelstätigkeit, Wohlhabenheit, Reichtum zeugende Epoche, die sich uns in diesen Denkmalen ankündet. Jedoch ganz nach meinem Sinn waren die mir ungeheuer scheinenden Gebäude, die, nach zwei Straßen ihr Gesicht wendend, in großen, himmelhoch umbauten Hofräumen eine bürgerliche Welt umfassend, großen Burgen, ja Halbstädten ähnlich sind.
Johann W. Goethe 1765

Wand brachte.) Neben ihnen sind andere, die mit Begabung antraten, inzwischen ebenfalls bekannte Künstler.

Was nicht vergessen werden darf, ist das Museum der Bildenden Künste mit seinen hochgeschätzten Originalen (von beiden Cranachs, Franz Hals, Ruisdael, Pieter de Hooch, Tintoretto, Tizian, Rubens sowie berühmten Romantikern). Die Sammlung ist in einem Repräsentationsbau des wilhelminischen Kaiserreiches untergebracht, dem ehemaligen Reichsgericht. Und typisch sind auch die ungezählten Kunstgalerien, die besonders nach der Wende 1989 wie die Pilze bei warmem Regen aus dem Boden geschossen sind und der Stadt zu ihrem anspruchsvollen Flair verhelfen.

Das Neubertsche Haus (Adler-Apotheke) lag in der Hainstraße, so daß ich, um dorthin zu gelangen, den echtesten und schönsten Teil von Leipzig, die Grimmaische Gasse und den Rathausplatz zu passieren hatte. Mein Gepäckträger ging neben mir her und machte in gutem Sächsisch den Führer. Ich war ganz benommen und möchte behaupten, daß, soweit Architektur- und Stadtbild in Betracht kommen, nichts wieder in meinem Leben einen so großen, ja komisch zu sagen, einen so berauschenden Eindruck auf mich gemacht hat wie dieser in seiner Kunstbedeutung doch nur mäßig einzuschätzende Weg vom Universitätsplatz bis in die Hainstraße.
Theodor Fontane 1841

MUSIKSTADT
LEIPZIG

Der geniale Johann Sebastian Bach, der für viele Musikwissenschaftler den Gipfelpunkt aller Tonkunst darstellt, und von dem Beethoven sagte: „Nicht Bach, Meer sollte er heißen!", er war 27 Jahre lang Thomaskantor. In der Stadt, die nicht sonderlich freundlich mit ihm umging, hat er an die 200 Kirchenkantaten geschrieben, und neben anderen bedeutenden Kompositionen auch seine Johannes- und Matthäuspassion, die h-Moll-Messe, das ‚Wohltemperierte Klavier' und die ‚Kunst der Fuge'. Unter seinen Nachfolgern als Thomaskantoren findet man so großen Namen wie Karl Straube oder Günther Ramin. Mit dem Thomanerchor schuf Bach einen Klangkörper, der sich bald weitreichender Bedeutung und Beliebtheit erfreute; er zählt (neben den Windsbachern und dem Dresdner Kreuzchor) zu Deutschlands drei weltberühmten Knabenchören.

Ebenso bekannt ist das Leipziger Gewandhaus, das heute von Kurt Masur geleitet wird und seit 1981 im großen, modernen Konzerthaus am Augustusplatz spielt. Professor Masur hat noch zu einem zweiten Weltklasse-Orchester eine feste Beziehung, den New Yorker Philharmonikern. Nach seinen Worten ist „Leipzig die Ehefrau, New York die Geliebte". Hoffentlich hält die Ehe. Die Geschichte des Gewandhauses läßt sich am eindrucksvollsten durch eine Aufzählung beschreiben. Die Gewandhauskapellmeister vor Masur: Hiller, der das Singspiel erfand, Mendelssohn-Bartholdy, Nikisch, Furtwängler, Bruno Walter, Abendroth, Konwitschny. Alles klangvolle Namen, die sich und der Stadt Weltruhm errungen haben. Doch Mendelssohn verdankt die Stadt noch viel mehr: Die Initiative, ein Bachdenkmal zu errichten, und die Schaffung der ersten deutschen Musikhochschule un-

*Ein schönes Portalrelief
schmückt das Haus
zum Kaffeebaum
im Barfußgäßchen.*

*Linkes Bild:
Gemütliche Kaffeehäuser
und Weinstuben
am Thomaskirchhof*

Eines Abends ging ich nach dem Leipziger Kirchhof, die Ruhestätte eines Großen aufzusuchen: Viele Stunden lang forschte ich kreuz und quer – ich fand kein „J. S. Bach". Und als ich den Totengräber darum fragte, schüttelte er über die Obskurität des Mannes den Kopf und meinte, Bachs gäb's viele. Ich schwieg dazu und ging wiederum, beinahe mechanisch, auf den Gottesacker, und da fühlte ich einen stechenden Schmerz, daß ich keine Blume auf seine Urne legen konnte, und die Leipziger fielen in meiner Achtung.

Robert Schumann 1836

ter dem Namen „Conservatorium für Musik". Dafür wurde sein Denkmal, das vor dem Alten Gewandhaus stand, 1936 von den braunen Barbaren zerstört...

Richard Wagner und Clara Wieck wurden in der Stadt geboren; Robert Schumann, Heinrich Marschner, Albert Lortzing hatten starke Bindungen zu ihr. Und im Jahre 1924, als der Mitteldeutsche Rundfunk zu senden begann, wurde das Rundfunk-Sinfonie-Orchester Leipzig ins Leben gerufen.

Aber streng genommen hatte die Leipziger Musikkultur schon sehr früh begonnen: Am 10. Juli 1479 stellte nämlich der Rat der Stadt drei Stadtpfeifer ein. Im Ratsbuch heißt es: „...zu Spielleuten und Dienern aufgenommen Meister Hanß Nayll mit zween seinen Söhnen und haben ihm zu Jahrsold geredet und zugesagt, jährlich XL alte Schock zu geben und jedem ein Hofgewand gleich den reitenden Knechten".

Mein Aufenthalt in Leipzig, der vier Wochen andauerte, gehört zu den angenehmsten Erinnerungen meiner Jugendzeit. Täglich des Vormittags auf Auerbachs Hof, den damaligen Sammelplatz der eleganten Welt, wo man sich einfinden mußte, weil es zum guten Ton gehörte, und des Abends ins Theater.

Henriette Hertz 1781

Weihnachten wurde im Theater eine Ouvertüre von mir aufgeführt, und vorige Woche sogar eine im großen Konzert. Du mußt nämlich wissen, daß das letztere keine Kleinigkeit ist; denn ehe etwas für das Konzert von einem jungen Komponisten angenommen wird, muß das Werk von allen Musikverständigen für würdig gehalten werden. Daß meine Ouvertüre also angenommen wurde, kann dir beweisen, daß etwas dahinter ist... Meine Spannung wurde ungeheuer, und ich verging fast vor Angst und Zagen. Denke dir also mein freudiges Erstaunen, als nach dem Schluß meiner Ouvertüre der ganze Saal zu applaudieren anfängt, und zwar so, als ob sie das größte Meisterwerk gehört hätten. Ich wußte nicht, wie mir zumute war, das kann ich versichern! Luise war so ergriffen, daß sie weinte.

**Richard Wagner
an seine Schwester 1832**

*Stadtfest in der
Leipziger Innenstadt*

THEATER
UND LITERATUR

Caroline Neuber, „die Neuberin", Prinzipalin einer berühmten Schauspieltruppe, schrieb in Leipzig ein bedeutsames Kapitel deutscher Theatergeschichte. Die Stücke wurden damals nach einem Muster inszeniert, bei dem man die Handlung aus dem Stegreif entwickelte. Und eine lustige Figur, der Hanswurst, unterbrach ständig den Ablauf des Geschehens durch aktuelle, manchmal witzige, oft auch obszöne Einreden. Der Spaßmacher war natürlich beim einfachen Volk beliebt, doch dem künstlerischen Wert einer Theateraufführung nicht gerade förderlich. Einer der schärfsten Gegner dieser traditionellen Theaterfigur war der Leipziger Literaturprofessor Johann Christoph Gottsched. Er tat sich mit der Neuberin zusammen, um das Theater durch die Verdrängung dieses Possenspiels seriöser zu machen. 1737 wurde

Leipzig in der Literatur, das ist das unvergängliche, immer wieder neu besungene Rosental, die Pleißenaue zu allen Jahreszeiten, die Viertel, wo die Druckmaschinen dröhnen, die alten Gassen mit den hohen Giebeln der Kaufmannshäuser, die verräucherten romantischen Läden, die stillen Patrizierstraßen mit den Biedermeiervillen, Theater, Gewandhaus, Kneipen, die Alte Börse, das Rathaus, die Motette, alles hat seine dichterische Verklärung und Beseelung gefunden, und immer neue Dichter bringen noch Unentdecktes zum Klingen und Leuchten und erobern den Stadtkoloß immer mehr der neuen Literatur.

Julius Zeitler 1914

der Hanswurst in Boses Garten öffentlich vom Theater verbannt. Eine historische Quelle weiß zu erzählen, daß „Hans Wurst im Duell mit der Poesie vor dem Vorhang erstochen und damit ein für allemal von der deutschen Bühne vertilget worden".

Opernhaus, Schauspielhaus, Theatergärten, Kleine Bühne, Poetisches und Hinterhoftheater, die Bretter, die die Welt bedeuten, bieten in Leipzig auch heute manchen Leckerbissen an. Ein Geheimtip sind die Kabaretts: Gegenüber vom großen Bach residiert die ‚Leipziger Pfeffermühle', das Ensemble,

Benachbart jenem Saal der bibliophilen Kostbarkeiten, in dem die Deutsche Bücherei ihre pflichtgemäße Sammeltätigkeit zu ästhetischer Wertung steigert, benachbart jener Schaustellung der schönen Bücher ist das Versteck der häßlichen Bücher, ist die verfemte Literatur gesichtet und verzeichnet: Kartothek der verbotenen Druckschriften. Denn auch die Beschaffung und Aufbewahrung der ‚unbrauchbar zu machenden Presseerzeugnisse'... gehört zu den vielen Obliegenheiten der Deutschen Bücherei. Sie wendet sich mit der Bitte um Überlassung derartig abgetriebener, totgeborener oder umgebrachter Exemplare an alle Regierungen, und diese willfahren im allgemeinen dem Wunsch, sei es aus eigenem Verständnis für den Wert eines solchen anatomisch-pathologischen Museums der Literatur, sei es auf Grund der Unterstützung, die die sächsische Staatsregierung dem Gesuch auf diplomatischem Wege angedeihen läßt... Zwei Gruppen lassen sich in dieser abstrusen Bibliothek unterscheiden: Politik und Erotik.

Egon E. Kisch 1920

das im Verlauf der wechselhaften Zeiten so viele politische Blitze abgeleitet und dafür so viele Prügel abbekommen hat. Wie Leipzig zur ‚heimlichen deutschen Kabaretthauptstadt' werden konnte –, das weiß der Teufel (und auch der weiß es nicht exakt).

*Nordseite des Marktes mit der Alten Waage, ursprünglich von H. Lotter (1555).
Bis zum 19. Jahrhundert hatte der Bau einen prachtvollen Renaissance-Staffelgiebel.
Nach der Zerstörung im Zweiten Weltkrieg wurde er 1963/64 rekonstruiert.
Im Vordergrund ist das gepflasterte Stadtwappen zu sehen, unter dem sich das
Untergrundmessehaus befindet.*

*Bild Seite 38: Das Alte Rathaus am Markt, der schöne Renaissancebau
wurde im Jahr 1556 geschaffen von Ratsbaumeister Hieronymus Lotter.*

Goethe verbrachte heitere Studentenjahre in Leipzig, er verliebte sich in Käthchen Schönkopf, die reizende Tochter seines Schankwirts, und widmete ihr erste leidenschaftliche Gedichte. Schiller wohnte einige Monate in einem Bauernhaus des Vorortes Gohlis, in der Menckestraße (heute Museum), wo er seinen „Don Carlos" niederschrieb und das „Lied an die Freude" verfaßte, das den demokratischen Menschheitstraum „Alle Menschen werden Brüder" in ergreifende Worte faßt, und das 1823 von Beethoven als Schlußchor der Neunten Sinfonie in Töne gesetzt wurde.

Gotthold Ephraim Lessing, Pastorensohn aus Kamenz, studierte in Leipzig, wo die Schauspieltruppe der Neuberin im Jahr 1748 seinen „Jungen Gelehrten" auf die Bühne brachte. Der „Nathan", sein unsterbliches Bekenntnis für die Toleranz unter den Menschen. hat auch uns Heutigen unendlich viel zu sagen, in einer Zeit, da noch immer aus religiöser, politischer und nationaler Unduldsamkeit Ströme von unschuldigem Blut fließen, gar nicht weit weg...

Beinahe nirgends, wo ich noch gewesen bin, habe ich eine so rasende Begierde nach Vergnügen und ein so großes Bestreben, sich alles zum Vergnügen zu machen, gefunden als in Leipzig... Die erste Stelle verdient wohl das Schauspiel, für welches man hier leidenschaftlich eingenommen ist. Dies ist auch der Grund, warum die elenden Komödiantenbanden, Marktschreier mit Hanswurst, Marionetten und dergleichen Raritäten, die in den Messen vor dem Peterstor ihren Sitz aufgeschlagen haben, nicht bloß vom Pöbel, sondern von Herren und Damen häufig besucht werden.

Detlev Prasch 1787

Wer von Literatur spricht, kommt an einem Phänomen Leipzigs nicht vorbei: dem Verlagsviertel. Mit Brockhaus, Teubner, Reclam, Tauchnitz, Insel, Thieme, Meyer, Göschen, Baedeker und vielen anderen wohlklingenden Namen war dies einmal das Mekka deutscher Buchkunst. Schon 1481 er-

schien hier das erste mit beweglichen Lettern gedruckte Buch. 1671 über-
holte Leipzigs Buchhandel die Buchstadt Frankfurt und wurde erster deutscher Kommissionsplatz. Auch der Börsenverein war ein Leipziger. Unser
Adreßbuch von 1930 verzeichnet an die dreihundert Verlage. Leipzig war
damit neben Mainz die bedeutendste Druckmetropole. In DDR-Zeiten,
1985, arbeiteten hier 38 Buchverlage. Die Wende von 1989 hat so manche

*Leipzig selbst machte einen angenehmen Eindruck auf mich; es ist
eine große, freundliche Stadt, die Hauptstraßen haben viel Ähn-
lichkeit mit unserer Østergade, sind jedoch breiter und, was sie
schöner erscheinen läßt, gerader. Ich glaube, in jeder Straße woh-
nen zwei bis drei Buchhändler; überall waren Regale mit Büchern, und in den großen blanken Glasfenstern hingen Kupferstiche und Bilder. Auf den Straßen liefen Burschen mit langen
Pfeifen im Mund und Collegienheften unter dem Arm; einige
hatten ihre deutsche Nationaltracht an, die großen weißen Hosen,
den kurzen Frack und dazu die langen Locken über dem weißen
Kragen.*

Hans Christian Andersen 1831

Lücke gerissen, gnadenlose Konkurrenten haben der Stadt an diesem Stück
traditioneller Kultur einige schmerzliche Verluste zugefügt. Am Platze des
alten Brockhaus zeigt ein Medienzentrum sein schickes neues Kleid; wo
einstmals das Buchhändlerhaus gestanden hat (der Krieg hat's weggefegt),
steht schon bald das ‚Haus des Buches'. Und Reclams Druckhaus, wo das
erste Taschenbuch der Welt seine Wiege hat, wurde unter hohem Geldein-
satz wieder ansehnlich gemacht. Mit Sachverstand, Fingerspitzengefühl und
Liebe haben Spezialisten aus Polen, Britannien und Italien den alten Char-
me des Bauwerks wieder zum Leben erweckt.
    Die Deutsche Bücherei ist die erste deutsche Nationalbibliothek. 1912
kam ein Gremium aus weitsichtigen Männern zu dem Entschluß, unter der

Regie des Deutschen Börsenvereins ein „Gesamtarchiv des deutschsprachigen Schrifttums" ins Leben zu rufen; das Riesengebäude dafür, unmittelbar beim Messegelände gelegen, weihte man schon 1916 ein. Es war nicht zu ahnen, welche Bücherflut eines Tages auf diese Institution zukommen sollte. Schon 1936 und 1963 wurden Erweiterungsbauten notwendig, und 1983 schuf man mit dem neuen Magazinturm Platz für Millionen von Bänden. Heute ist die Bücherei, von Insidern kurz und liebevoll DB genannt, Nebenstelle der Deutschen Bibliothek zu Frankfurt am Main.

Bereits 1764 gründete man in Leipzig die „Hochschule für Grafik und Buchkunst", ihr erster Rektor war Adam Friedrich Oeser, und ihr Name war damals „Zeichnungs-, Mahlerey- und Architektur-Academie". Im Lauf der Jahre entwickelte sie sich zu einer spezialisierten Ausbildungsstätte für Schrift- und Buchkünstler, Maler und Grafiker, die viele bedeutende Künstler hervorgebracht hat.

Bild Seite 42/43:
Wasserfontäne
im Johannapark,
angelegt in
den Jahren 1858-61
von J. P. Lenné

VON HANDEL
UND WANDEL

Wie eine Stadt lebt, das hängt in hohem Maße davon ab, wovon sie lebt. Buchkunst, Buchdruck, Buchhandel sind ja nicht nur eng mit Literatur und Kunst verbunden, sondern auch ein Wirtschaftsfaktor. So konnten auch die Nebengewerbe prosperieren wie Buchbinderei, Druckmaschinenindustrie, Farbenfabriken, Papierhandel.

> *Leider geriet ich hier in Leipzig in den wildesten Strudel der Messe hinein; denn statt zu Ende zu gehen, wie ich glaubte, hat sie erst recht angefangen, und so fand ich denn nicht allein in „Stadt Hamburg", wo ich nach alter Gewohnheit anklopfte, kein Unterkommen, sondern mußte Gott danken, daß ich im „Hotel de Prusse" nur noch das letzte und schlechteste aller Zimmer erwischte. Da sitze ich nun, und jeder Winkel des kleinen Hundelochs, welches auf den Hof hinausgeht, ruft mir entgegen: Hier bist du nicht zu Hause! Leipzig ist immer ein langweiliges, zur Zeit der Messe aber ein wahrhaft entsetzliches Nest.*
>
> **Friedrich Hebbel 1857**

In frühen Zeiten waren es, wie überall in Deutschland, die Handwerker, die durch Arbeitsteilung den Grund für Wohlstand legten, die Bäcker, Fleischhauer, Brauer, Gerber, Tuchmacher, Goldschmiede. Mit den Messen kamen sie und die Händler zu erheblichen Einnahmen, denn im Umkreis von 112

*In der
Klostergasse*

*Bild Seite 47:
„Specks Hof" im
neuen Gewand*

km (15 Meilen) durften keine Märkte abgehalten werden. Auch neue Ar-beits- und Erwerbsmöglichkeiten taten sich durch die Messe auf: Transport, Beherbergung, Gastronomie. Schon im 16. Jahrhundert rühmte man: „An Häuserpracht überragt Leipzig alle Städte Deutschlands", es entstanden die prächtigen Handels- und Warenhöfe, die Messehäuser mit ihren Passagen, wahre Handelspaläste.

Natürlich gehört zur vernünftigen Herstellung und Verteilung von Wa-ren eine gründliche Ausbildung. Zudem verlangt eine expandierende Wirt-schaft nach der präzisen Analyse von Ideen und Ideensystemen, um Macht und Geist in Einklang zu bringen. Es war ein Glück für Leipzig, daß 1409 zu Prag ein Eklat geschehen war: Die Karlsuniversität orientierte sich zu-nehmend böhmisch-national, dies war ein Affront gegen die angesehenen deutschen Lehrkräfte. Als denen die Situation unerträglich erschien, waren sie ausgezogen, mitsamt ihren Studenten, und hatten Leipzig zu ihrer neuen

Das Zentrum ist trotz böser Wunden, die der Zweite Weltkrieg schlug, begehbares Kulturland geblieben. Da wechselt man vom Brühl, dem traditionellen Standort der Kürschner, durch die Hainstraße oder über den Sachsenplatz mit seinen spielerischen Springbrunnen, über die von reichen Barockfassaden gesäumte Katharinenstraße hinüber zum Markt mit dem Alten Rathaus. Der langgestreckte Bau wirkt mit seinen Volutengiebeln und dem hohen, haubengeschmückten Turm trotz aller Erdverbundenheit anmutig... Zu Messezeiten, sagt der Tischnachbar in Auerbachs Keller, lägen hier andere Speisekarten als gewöhnlich; mit stark erhöhten Preisen, versteht sich. Derzeit müssen 16,50 Mark für einen Champignontoast oder gar 65,40 Mark für ein Chateaubri-and (zwei Personen) gezahlt werden. Damit schließt der Staat, der noch laut Übervater Marx ein Abstraktum ist, sein eigenes Volk, das Konkretum, wegen seines auf Devisen ausgerichteten Nützlichkeitsdenkens aus. Wie hieß es doch in der Pfeffermühle? Ein Klassenfeind ohne Devisen ist wie ein DDR-Bürger ohne Opfermut. **Helene Schreiber 1983**

Wirkungsstätte bestimmt. In der Gründungsurkunde der Markgrafen Friedrich und Wilhelm von Meißen hieß es: „…daß künftighin an dieser Universität vier Nationen, nämlich Meißner, Sachsen, Bayern und Polen, bestehen sollen." Damit hatte die Stadt eine Stelle, an der das in reicher Fülle vermit-

Die Leipziger hasse ich, wie ich unter der Sonne nichts mehr hasse. So groß ist dort der Maklergeist. Gott mag sich der Guten erbarmen, verflucht aber sei jene vermaledeite Stadt in Ewigkeit.
Martin Luther 1539

telt werden konnte, was wir heute „Know how" nennen. Eine kleine Auswahl von Menschen, die diese Lehranstalt mit großem Erfolg durchlaufen haben, mag den Ausspruch des Buchhändlers Nicolai illustrieren, der von Leipzig als einem „Stapelplatz gelehrter Kenntnisse" gesprochen hatte. Zu diesen Studenten gehörten: Müntzer, Agricola, Tycho de Brahe, Lessing, Klopstock, Goethe, Fichte, Novalis, Schumann, Wagner, Mehring, Erich Kästner und Georg Maurer. Prominentester Student der alma mater lipsiensis dürfte Gottfried Wilhelm Leibniz gewesen sein, der wohl bedeutendste deutsche Universalgelehrte der Frühaufklärung. Die Professoren Ernst Bloch und Hans Mayer setzten in den fünfziger Jahren die Reihe der großen Köpfe würdig fort. Doch zurück ins vorige Jahrhundert.

Die erste Industrialisierung, die mit der Gründerzeit zusammenfiel, wirkte sich auf Leipzigs Aufstieg sehr förderlich aus, schon 1838 gründete man hier die erste sächsische Notenbank. Einige Betriebe dehnten sich über deutsche Grenzen aus, einer davon baute eine Zweigstelle in China auf, ein anderer beteiligte sich am Bau des Suezkanals. 1870 wurde Leipzig zur achten Großstadt Deutschlands. Großbetriebe wuchsen in den Vorstädten in den Himmel, unter anderem Werke der Textilindustrie, des Landmaschinen- und Kranbaus; der Hauptbahnhof entstand. Nur wenige wissen, daß dieser Bahnhof einmal zu den europäischen Attraktionen gehörte. Der größte Kopfbahnhof Deutschlands: Mit einem sächsischen und einem preußischen Ein-

*Die Alte Börse, errichtet
1678-87 nach Plänen von
J. G. Starcke, ist der schönste
Barockbau der Stadt.
Das Denkmal (1903 von
Carl Seffner) zeigt den jungen
Goethe als Studenten. Am
Sockel befinden sich Porträt-
Medaillons von zwei Frauen,
die in seiner Leipziger Zeit
bedeutsam für ihn waren,
Käthchen Schönkopf und
Friederike Oeser.*

gang, mit 34 Bahnsteigen und 90 Kilometern Gleis im Bahnhofsgelände, mit 16 000 Quadratmetern bebauter Fläche ist er weltweit unerreicht. Fertig geworden mitten im Ersten Weltkrieg.

Daß in einem Gemeinwesen, das über eine leistungsfähige Industrie verfügt, auch die sozialen Spannungen wachsen, versteht sich von selbst. In unserer Stadt war ein starkes Proletariat entstanden, und es wuchsen auch seine Organisationen üppiger als anderswo. Stichworte wie Arbeiterverein, Bund der Kommunisten, Arbeiterbildungsanstalt, Namen wie Robert Blum und August Bebel belegen das. Sie sorgten dafür, daß der Stadt schon bald das Etikett „Rote Metropole" angeheftet wurde.

Leipzig in seiner weiten Ebene erscheint recht reizlos, wenn man von Dresden und Meißen kommt (nicht so von Berlin her), ist aber die erste Handelsstadt des Königreiches, wenngleich ein schiffbarer Fluß fehlt, die nahen Gebirge die Landzufuhr erschweren und preußische Mauten den Handel beschränken. Es ist auch die erste Manufakturstadt Deutschlands – in Büchern. Leipzig ist lebhafter und reicher als Dresden, daher zwischen beiden ein komischer Haß. Dresden hat den Hof, Leipzig aber das Geld. Der Verkehr mit dem Auslande und der höhere Wohlstand macht, daß hier notwendig mehr Luxus und Fröhlichkeit herrscht als zu Dresden, und weit weniger Steifheit.

Karl Julius Weber 1828

Ab 1933 liefen die Kriegsvorbereitungen der Nazis auf Hochtouren. Der Leipziger Wirtschaftsraum wurde zu einem Rüstungszentrum mit den Giganten der deutschen Flugzeugindustrie ‚Deutsche Flugzeugwerke' (zum Flick-Konzern gehörend) und ‚Erla-Maschinenwerke'. Die wirtschaftliche Konjunktur war das Vorspiel für die unsäglichen Verwüstungen, die die Stadt im Krieg dann zu erleiden hatte.

Nach dem Zweiten Weltkrieg war zunächst (trotz erheblicher Belastungen wie Reparationsleistungen, Mangel an Bodenschätzen, Fehlen männlicher

Der Wandel der Stadt – kein Stein bleibt auf dem anderen. Die vergebliche Suche nach Bleibendem... Was ist das für eine Stadt, die ihr Gesicht in fünf Jahren wandelt wie eine andere in Generationen – und die großen Bauvorhaben beginnen erst! Abriß und Neubau der Messe, Abriß Hotel Stadt Leipzig, völlige Umgestaltung jeder Haupteinfallsstraße, völlige Umgestaltung des Sachsenplatzes und des Connewitzer Kreuzes. Und dazu die nicht abschätzbaren Folgen im Kleinen. Die Vorstellung, ganze Viertel werden auf den Kopf gestellt, stellt sich als Kulturschock dar.

Thomas Großheinrich 1994

Arbeitskräfte, Zerstörung der Bindungen an den Westteil Deutschlands) ein deutlicher wirtschaftlicher Aufschwung sichtbar. Schon 1946 fand wieder eine Messe statt. 1949 wurde der erste Messehaus-Neubau, der „Messehof" fertig. Alle größeren Betriebe wurden zu VEB (volkseigene Betriebe) umgewandelt, diese wiederum in einer späteren Phase zu Riesenunternehmen (Kombinaten) zusammengeschlossen, deren Effektivität mehr und mehr zurückging. Das war eine der Ursachen dafür, daß die Wirtschaft Leipzigs allmählich einen unübersehbaren Niedergang erlebte. Zunehmend verfielen auch die Häuser, verfiel der Wille, so weiterzumachen.

Die Wende von 1990 markierte deutliche Anzeichen dafür, daß die Stadt nunmehr in eine Phase des Aufschwungs hinein kommt, wie sie sie noch niemals vorher erlebt hat. Banken, die ja ein Gespür für Konjunktur haben, siedelten sich zu Dutzenden in Leipzig an. Ein Wald aus Kränen wuchs empor. Gewerbegebiete gigantischen Ausmaßes, Einkaufszentren, Bürohäuser sind überall zu sehen, verkommene Hausfassaden werden in großen Mengen renoviert. Die bis 1990 allgemein übliche Ofenheizung geht spürbar zurück und macht moderneren Heiztechniken Platz: Die Leipziger können nun auch im Winter ihre Fenster weit öffnen. Einkaufspassagen werden erneuert. Der Hauptbahnhof wird (mit Stadtbahn-Anbindung, mehreren Etagen, Personentransportbändern, Ladenstraßen und einem Vorplatz, der den Fußgängern gehört) einer der schönsten weit und breit sein. Leipzig ist in Bewegung geraten. Die Zeichen stehen auf Zukunft.

Bild Seite 54/55: Blick über den Schwanenteich, der 1785 an der Stelle der Stadtbefestigung angelegt wurde, zum Opernhaus (1956-60 von K. Nierade), dem Nachfolgebau für das kriegszerstörte „Neue Theater"

AUS LEIPZIGS GESCHICHTE

Daß das Gebiet, in dem Leipzig liegt, schon seit tausenden von Jahren von Menschen bewohnt ist, haben die Archäologen bewiesen. Von einer geschlossenen Siedlung allerdings kann man erst nach der Völkerwanderung sprechen. Die sorbische Niederlassung mit dem Namen Lipzi, „Ort bei den Linden", die auf das Jahr 800 datiert wird, ist somit die Keimzelle unserer Stadt. Von den Ereignissen, die ihre Geschichte ausmachen, sollen hier nur die wichtigsten beleuchtet werden.

Die Stadt Leipzig wurde gegründet im Jahre Christi 551, welches war das Jahr nach der Erschaffung der Welt 4335, Sonntag dem 13. April um 9 Uhr 41 Minuten vormittag.
Astrolog Andreas Goldmayer 1654

Das Mittelalter, in dem sich hier Klöster als kulturelle Zentren bildeten, ist gekennzeichnet durch schreckliche Katastrophen wie Stadtbrände, Pest- und Cholera-Epidemien. Zünfte bildeten sich (unter anderem die Fischerzunft – die Stadt muß damals noch wasserreich gewesen sein). Die Bevölkerung wuchs allmählich. Was Handel und Handwerk erwirtschafteten, wurde zum Teil in Grund und Boden angelegt. Steuerregister belegen, daß der Wohlstand stetig zunahm. Wohlstand braucht Schutz gegen Raub. Eine Stadtmauer entstand. Städtische Gerichte urteilten über schwere Vergehen, zu denen damals auch Zauberei und Ehebruch gehörten.

Die Reformation, die das Ende des Mittelalters einleitete, fand in der Stadt einen guten Nährboden. Das berühmte Streitgespräch zwischen Luther, Eck und Karlstadt strahlte nach ganz Deutschland aus. Bald schon wurde eine evangelische Predigt gehalten. Luther selbst bestieg zum ersten Mal 1539 die Kanzel der Thomaskirche. Der Dreißigjährige Krieg, eine Folge der Reformation, brachte über die Bewohner viel entsetzliches Leid. Zu den Schrecken der Belagerung durch Tilly kam eine erneute Pestepidemie, dem jeder Fünfte zum Opfer fiel. Kurz darauf raffte eine Hungersnot abermals

Im Frühjahr 1971 war ich also zum ersten Mal wieder zur Messe gefahren, die ich zum letzten Mal 1949 pro forma besucht hatte, um meine Mutter aus der „Zone" zu holen. Damals schneite es, diesmal schien die Sonne. Damals blökten Lautsprecher auf den Straßen, diesmal quietschten nur die Straßenbahnen, sonst war es ganz still. Damals hatten wir alle Hunger, diesmal hungerte keiner. Damals kam die Verbindung zwischen Leipzig und München mühselig mit Zügen ohne Fenster und alten Bussen zustande, diesmal flog ich von Zürich ohne Aufenthalt nach Leipzig und stieg dort in ein Taxi. Damals glaubte ich, daß ich niemals zurückkehren würde; diesmal glaubte ich zu wissen, daß ich fortan zumindest jede zweite Messe besuche: in Leipzig. **Gudrun Tempel 1972**

hunderte von Menschen dahin. Ein Chronist klagt (1639): „Um diese Zeit ist großer Mangel an Brot, Fleisch, Salz und anderen Viktualien gewesen. Viel armes Landvolk, welches sich vor den Toren aufgehalten, hat die Hunde abgezogen und gegessen."

Auch im Siebenjährigen Krieg, der vor Leipzigs Toren nicht haltmacht, sind wieder viele Opfer zu beklagen. Preußen preßt so viel Gelder aus der Ratskasse, daß die städtische Finanzkraft ihrem Ende nahe ist. Aus diesen Tagen stammt die Leipziger Redewendung: „...ist alles bloß für den Alten Fritzen".

Die Nikolaikirche, gegründet 1165, erhielt ihr heutiges Gesicht im 16. Jahrhundert. Der Fürstenerker im Vordergrund stammt von dem 1558 erbauten Fürstenhaus in der Grimmaischen Straße, das im Zweiten Weltkrieg zerstört wurde. Der Innenraum der Kirche ist 1784-97 durch Carl Dauthe und A. F. Oeser umgestaltet worden.

Die Reihe der Gemetzel reißt nicht ab. Die Völkerschlacht, bei der Sachsen wieder einmal auf der Verliererseite steht, ist ein Ereignis, das einschneidend die Geschichte dieser Epoche prägt. Gneisenau sendet am 16. Oktober 1813 einen Brief an seine Frau: „Ich schreibe dir am Morgen einer Schlacht, wie sie in der Weltgeschichte kaum gefochten ist. Sie wird über das Schicksal ganz Europas entscheiden." 300 000 Soldaten der Verbündeten (Russen,

In Gaslicht und zunehmendem Schneefall marschierte mir ein Zug dunkler gekleideter Menschen entgegen, mit militärischem Schritt und großer Eile, junge Burschen, graue Männer in phantastischen uniformähnlichen Anzügen, aber auch junge Mädchen in dunklen Kostümen mit biedermeierlichen Schutenhüten, und in hellem jubilierendem Ton begannen sie eine Art Gesang. Es war dies meine erste Begegnung mit der Heilsarmee, die es ja in dem katholischen München nicht gab. Kriegerisch, doch ohne Waffen, schritten sie dahin mit ihrem sorglosen, ungeschulten Straßengesang, ohne Furcht vor Lächerlichkeit und Verhöhnung. Ein älterer Herr, den ich vom Café Felsche her kannte, ging grüßend vorüber und wunderte sich, als ich fragte, was für Leute das wären. „Das sind die Salutisten", sagte er gutmütig ironisch, „die Soldaten Gottes, wie sie sich nennen. Ich sage nichts gegen sie... Sie haben fanatische Feinde, und gelegentlich werden sie verprügelt; aber das bestärkt sie nur in ihrer Überzeugung, daß Gott sie berufen hat, Menschen vom Untergang zu retten.

Hans Carossa 1900

Österreicher, Schweden und Preußen) standen dem Heer Napoleons, 190 000 Mann, gegenüber. Am Ende, nämlich am 18. Oktober, lag das Schlachtfeld voller Leichen, tausende von Verwundeten mußten versorgt werden, die Thomaskirche wurde zum Lazarett. Es war eine harte Prüfung, von der sich die Stadt nur sehr langsam wieder erholen konnte. 1815, beim Wiener

Kongreß, wird Sachsen geteilt, so daß nunmehr Leipzig fast an der Landesgrenze liegt.

Als Folge des Ersten Weltkriegs, in dem wiederum viele Menschen umkommen, erlebt die Stadt in der Inflation einen totalen wirtschaftlichen Umbruch. Die Nazi-Diktatur löst die Parlamente auf, Sachsen wird vom Freistaat zum Gau. 1933 spielt sich in den Mauern der Stadt ein denkwürdiges Spektakel der Justizgeschichte ab. Der Bulgare Dimtroff, dem man den Reichstags-Brand in die Schuhe schieben will, lernt in seiner Zelle die deutsche Sprache, verteidigt sich so brillant, daß er freigesprochen werden muß – und setzt den Lügner Göring an seiner Stelle gewissermaßen auf die Anklagebank. Das ganze geschah im Reichsgericht.

Die jüdische Bevölkerungsgruppe hatte in Leipzig schon immer einen höheren Anteil als in anderen Städten (ihre Gemeinde zählte im Jahr 1925 mehr als 13 000 Mitglieder; 1989 waren es noch 36). Fünftausend Leipziger Juden wurden 1938 deportiert, fünfhundert im trockengelegten Flußbett der Parthe zusammengetrieben. Viele von ihnen verloren in den Gaskammern von Auschwitz und Treblinka ihr Leben, endeten in den Krematorien von Buchenwald. Die sieben Synagogen wurden in Brand gesteckt. Die Menschenwürde mit Füßen getreten.

Vor dem Ausbruch des Zweiten Weltkriegs hat die Stadt den Höchststand ihrer Bevölkerungszahl erreicht: 707 000. Die Hallen der technischen Messe funktioniert man um zu Rüstungsfabriken. Zahlreiche Zwangsarbeiter sind dort beschäftigt. 1943 zerstört der schwerste Bombenangriff beträchtliche Teile der Innenstadt und viele unersetzliche Bauwerke. Er fordert mehr als tausend Menschenleben, 4 000 werden verwundet, noch einmal 1000 gelten als vermißt. 130 000 Wohnungen sind vernichtet oder schwer beschädigt, 830 öffentliche Gebäude ausgebrannt, unter ihnen alle Theater, alle Museen, das Gewandhaus, Hauptbahnhof und Hauptpost, die Universität, 25 Kirchen, neun der schönsten Messehäuser, ausgebrannt auch der Turm des alten Rathauses sowie 96 Schulen.

Im April 1945, weiße Fahnen wehen in den Straßen, rollen amerikanische Panzer in die Stadt. Nach einem Intermezzo von knapp drei Monaten US-Besatzung kommt die Rote Armee.

*Sachsenplatz –
Oase im Herzen
der Großstadt*

*Bild Seite 63:
Unter den
Bürgerhäusern der
Katharinenstraße
fällt besonders das
Fregehaus auf
(1706-1707)*

Die DDR wird 1949 gegründet. Drei Jahre später beschließt die Berliner Regierung eine Gebietsreform, die die Länder auflöst. Leipzig wird Bezirksstadt, eine von insgesamt vierzehn. Obwohl sie in diesen Jahren oft als „heimliche Hauptstadt" bezeichnet wird, gibt es nur geringe Zuwendungen. Reichliche Mittel fließen nach Berlin; in der Messestadt beginnt man, die noch bestehenden (oder neu entstehenden) Baulücken mit Werbeflächen zu verdecken. Nur das Jahr des Messejubiläums (1965) bringt der Stadt etwas Auftrieb. Einen schlimmen Verlust muß sie 1968 hinnehmen. die örtliche Parteizentrale ist mit einer Gruppierung Wertkonservativer in Streit geraten über einen geplanten Universitätsneubau. Die Kraftprobe folgt auf dem Fuße: Die gotische Paulinerkirche (Universitätskirche) wird gesprengt. Im Stadtparlament gibt es bei der Abstimmung über diese Vandalentat nur eine Gegenstimme, die eines Pfarrers.

Schließlich ging von Leipzig auch die ‚friedliche Revolution' von 1989 aus, die die Wende und die Vereinigung Deutschlands mit sich brachte. In der Nicolaikirche versammelten sich montags immer mehr Bürger zu sogenannten Friedensgebeten. Im Anschluß daran kam es zu den „Montagsdemonstrationen" rund um den Stadtring. „Wir sind das Volk!", „Frieden schaffen ohne Waffen!" waren die Losungen, die von den Tausenden getragen wurden. Als die Devise „Wir sind *ein* Volk" aufkam, wurde klar, daß ein Anschluß an die Bundesrepublik Deutschland nicht aufzuhalten war. Die Mächtigen der DDR waren schon lange nicht mehr in der Lage, die Realität richtig einzuschätzen. Die Abwanderung war zu verheerend geworden: 1990 hatte Leipzig nur noch 490 000 Einwohner. Der Besonnenheit kluger Leipziger Bürger (mit an ihrer Spitze Gewandhauskapellmeister Masur) war es zu danken, daß bei dem Umbruch kein Tropfen Blut vergossen wurde.

Geschichte, Vergangenheit, ist damit zu Ende. Mit der Wende hat Leipzigs Zukunft begonnen.

IDEENFABRIK
LEIPZIG

Es ist sicher nicht aus der Luft gegriffen, wenn die Leipziger bei ihren Nachbarn als einfallsreich gelten, was man hierzulande mit „fichelant" übersetzt. Immerhin sind aus dieser Stadt von alters her Trends ausgegangen, wirkten manche umwälzenden Innovationen von ihr aus in die Welt, gab sie Signale für neue, ja revolutionäre Veränderungen. 1649 zum Beispiel ließ sich der Buchdrucker Timotheus Ritzsch ein „Privileg für die Herausgabe einer Zeitung" erteilen. Er druckte und verkaufte zunächst ein Blatt, das er umständlich „Leipziger Einkommende Ordinar- und Postzeitung" nannte. Sie fand so viel Anklang, daß ihre Nachfolgerin, ab 1660 unter dem Namen „Neueinlaufende Nachricht von Kriegs- und Welthändeln", täglich erscheinen konnte und damit – die erste Tageszeitung der Welt wurde. Als „Leipziger Zeitung" hat sie bis in die Mitte unseres Jahrhunderts weiter bestanden. Auch das erste alphabetische Lexikon kommt von hier. Es ist „Zedlers Großes Vollständiges Universal-Lexikon aller Wissenschaften und Künste". Der erste Band erschien 1732, der 64. (!) Band im Jahr 1750 im Verlag von Johann Heinrich Zedler.

Im „Journal für praktische Heilkunde" veröffentlichte der Leipziger Arzt Samuel Hahnemann 1796 eine Theorie, nach der solche Mittel, die bei gesunden Menschen Krankheitssymptome hervorrufen, bei Kranken, in sehr kleiner Dosis verabreicht, Heilerfolge haben. Hahnemann nannte seine Heilmethode, die er an seinem eigenen Körper erprobt hatte, „Homöopathie". Sie ist heute weltweit aus der medizinischen Praxis nicht mehr wegzudenken. Leipzig hob auch gleich die erste Fabrik für homöopathische Mittel aus der Taufe, das Arzneimittelwerk Dr. Willmar Schwabe.

*Satirische Bronzefiguren des Hallenser
Bildhauers Bernd Göbel (1989) in der
Grimmaischen Straße.*

*Bild Seite 70:
Am Brühl, wo einmal das Zentrum der
Leipziger Pelzhändler war, sind moderne
Neubauten entstanden. Als Spiegelbild:
Die reformierte Kirche.*

*Bilder Seite 71:
Buntes Stadtleben...*

1884 kamen Männer des Buchgewerbevereins auf den Gedanken, ein „Buch- und Schriftmuseum" zu schaffen. Dieses übernahm Bestände der ersten internationalen Ausstellung für Buchgewerbe (Bugra) und kaufte buchgeschichtlich wertvolle Sammlungen auf. Noch niemand auf dem ganzen Erdball war auf diese Idee kommen! Keine Sorbonne, kein Britisches Nationalmuseum. Über Deutschlands Grenzen hinaus wurde das Leipziger Buchmuseum bekannt durch sein Jahrbuch „Buch und Schrift", das regelmäßig von 1927 bis 1942 erschien. Nach wechselvoller Geschichte gliederte man die einmalige Sammlung 1950 der Deutschen Bücherei an. Das Museum ist heute zugleich zentrale deutsche Forschungsstätte der Buch- und Papiergeschichte.

Der Inhaber des renommierten Verlagshauses Philipp Reclam jun. sah in seiner verlegerischen Arbeit mehr als Erwerb. Sein Sinnen und Trachten war darauf gerichtet, auch den weniger Begüterten, wie Studenten oder Arbeitern, den Zugriff zu den Schätzen der Weltliteratur zu ermöglichen. So setzte er alle ökonomischen und technischen Mittel seiner Zeit ein, um eine möglichst preiswerte Buchform auf den Markt zu bringen. 1867 wurde seine Vision Wirklichkeit: Als Band 1 von „Reclams Universalbibliothek" erschien Goethes Faust. Ein Heft dieser Reihe kostete nicht mehr als 30 Pfennige. Das Taschenbuch war geboren – das erste der Welt. Vorläufer der Myriaden von „Paperbacks", mit denen wir heute leben.

Der Leipziger Arzt und Orthopäde Daniel Gottlieb Moritz Schreber hatte von der Stadt ein gesundheitliches Reformprogramm gefordert, um unter anderem den Kindern von Familien, die in ungesunden Wohnverhältnissen lebten, die Betätigung in Luft und Sonne zu ermöglichen. 1870 entstanden die ersten Kleingärten mit Beeten, Lauben und Holzzäunen, wie sie sich bald über ganz Deutschland und später über dessen Grenzen hinaus verbreiteten. Der Name dafür, „Schrebergarten", wurde von vielen Ländern gleich mit importiert. Der Gedanke der aktiven Erholung, heute als allerneueste Errungenschaft der pluralistischen Gesellschaft gepriesen, kommt also aus dem Leipzig der beginnenden Gründerzeit.

Der Unternehmer Mey ärgerte sich, daß er fast täglich seinen weißen Hemdkragen waschen lassen mußte. Er entwickelte einen Kragen aus stabilem Papier, der so billig war, daß man ihn nach mehrmaligem Tragen einfach wegwerfen konnte, und ließ ihn patentieren. 1881 war es, als die Wegwerf-Kultur begann – in Leipzig. Wer hätte damals geahnt, daß weltweit eine ganze Industrie daraus entstehen würde; daß man im ausgehenden zwanzigsten Jahrhundert nicht nur Trinkbecher, Bestecks, Taschentücher, Handtücher und sogar Kleider zum Wegwerfen produzieren und kaufen würde. Und daß man für sie den hübschen Namen „Einweg-Artikel" erfände?

Naheliegend ist es, daß Lernende und Studierende für ihre botanischen Studien in einem speziellen Lehrgarten Pflanzen unterschiedlichster Herkunft betrachten, klassifizieren, ihr Wachstum beobachten, ihre Fortpflanzung studieren können. So naheliegend scheint es nicht immer gewesen zu sein, denn als 1542 in Leipzig ein Botanischer Garten angelegt wurde, war der der erste Europas.

Der Gedanke, daß behinderten Menschen geholfen werden muß, sich in die Gesellschaft möglichst vollständig einzugliedern und ihrer Einsamkeit durch Erlernen von Kommunikation zu entkommen, ist nicht sehr alt. Der Leipziger Arzt Samuel Heinicke war der erste, der 1778 eine Taubstummenschule schuf. Sie heißt heute Gehörlosenschule und bietet mit elektronischen Hilfsmitteln der High-Tech-Generation ihren Schülern die modernsten heilpädagogischen Methoden an. Das Leipziger Engagement für Sinnesbehinderte zeigte sich auch darin, daß man 1894 eine Blindenbücherei einrichtete, ebenfalls wieder als die erste in Deutschland, die Sehbehinderte im ganzen deutschsprachigen Raum auf dem Postwege mit Literatur in Blindenschrift versorgte.

Unsere lückenhafte Erwähnung der Leipziger Innovationen darf nicht enden, ohne auf die faszinierende Idee zu verweisen, daß Bürger die Borniertheit eines überalterten Regimes dadurch bezwingen können, daß sie den Mächtigen, die sie nicht mehr ertragen wollen, die Stirn zeigen. Daß sie von denen, die sie ohnehin eingesperrt haben, nicht fordern: „Wir wollen raus!", sondern: „Wir bleiben hier!" Daß sie den Stasi-Provokateuren, die das Deutschlandlied gröhlen, Paroli bieten, indem sie die Marseillaise anstimmen. Die Leipziger zeigten den Deutschen, wie man eine Revolution macht.

Nicht mit Fanatismus. Nicht mit Haß. Nicht mit Barrikaden und Gewalt. Nicht mit Unterstützung fremder Mächte. Sondern ganz einfach – mit Intelligenz.

Ich werde die Demonstration am 18. Dezember in Leipzig oder den Jubel am Brandenburger Tor am 10. November für den Rest meines Lebens nicht vergessen. Beides sind für mich Erlebnisse im Sinne erfüllter Utopie. Das hat mich tief bewegt.

Kurt Biedenkopf 1990

ZEITTAFEL

Um 800	Sorbische Siedlung erhält den Namen Lipzi
1015	Erwähnung der Burg Lipzi
1021	Leipzig geht an das Stift Merseburg
Um 1165	Leipzig erhält Stadtrecht durch Otto den Reichen
1176	Bau des Nicolaiklosters
1182	Stadtwappen: Löwe und blaue Balken in goldenem Feld
1190	Markgraf Albrecht von Meißen bestätigt den Oster- und den Michaelisjahrmarkt
1212	Otto IV. bestätigt Gründung des Thomasklosters
1212-22	Bau der Thomaskirche
1222	Der Minnesänger Heinrich von Morungen stirbt im Thomaskloster
1229	Gründung des Paulinerklosters
1254	Erstmals Thomasschule urkundlich erwähnt
1273	Münzrecht
1278	Johannishospital für Leprakranke (vor dem Grimmaischen Tor) gegründet
1288	Bäckerinnung gegründet
1301	Erwähnung einer Badestube im Thomaskloster
1305	Fischer-Innung (!) gegründet

Leipziger Stadtwappen
an der Fassade der
„Alten Börse".

Bild Seite 75:
Leipziger Neues Rathaus
(1907 von Hugo Licht)
enthält noch Bauteile
der alten, von Lotter
geschaffenen Pleißenburg.

*Leipziger
Stadtsiegel
von 1316*

1318	Rosental erstmals genannt
1320	Leipzig hat ca. 3 000 Einwohner
1394	Rathauskapelle eingeweiht
1409	Universität Leipzig gegründet (nach Abzug der deutschen Studenten aus Prag), Löwenapotheke gegründet
1415	Einrichtung einer Medizinischen Fakultät
1419	Burgkeller eröffnet
1420	Stadtbrand (mehr als 400 Häuser zerstört)
1423	Kürschner-Innung gegründet
1430	Die Hussitten stehen vor Leipzig
1452	Große Glocke der Nicolaikirche gegossen Alle Kartenspiele und Würfelspiele werden verboten
1455	Thüringer Hof erbaut
1463	Kleiderordnung für Huren erlassen
1465	Acht städtische Nachtwächter eingestellt
1471	Leipzig hat ca. 6 000 Einwohner
1474	Johannisfriedhof eingeweiht
1479	Drei Stadtpfeifer werden berufen
1482-96	Neubau der Thomaskirche
1485	Leipziger Teilung. Kurfürst Ernst bekommt den Kern Kursachsens. Südthüringen und das Vogtland; Herzog Albrecht der Beherzte die Markgrafenschaft Meißen, das Osterland und Nordthüringen. Ernestinische Linie mit Sitz in Meißen, Albertinische Linie mit Sitz in Dresden. Erste ständige Buchdruckerei in Leipzig (Kunz Kachelofen)

Kaiser Maximiliean I. verlieh der Stadt Leipzig im Jahr 1497 das Messeprivileg. Holzschnitt von A. Dürer 1509

Bild Seite 78/79: Mendebrunnen von 1886 und Opernhaus von 1960 bestimmen das Bild des altehrwürdigen Augustusplatz

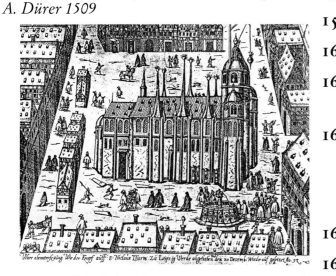

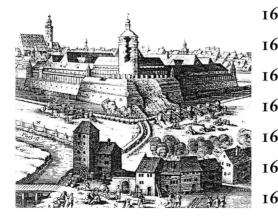

1558	Fürstenhaus erbaut
1581-82	Marktbrunnen
1590	Versiegen der Quellen, Wassermangel: Zwei Windmühlen gebaut
1594	Erster Buchhändler-Messekatalog
1613	Erstes Postamt
1615	Vermummung während der Fastnacht verboten
1616	Erste Botenpost Leipzig–Frankfurt (zu Fuß) Erdbeben ‚bewegt manche Häuser und reißt Pflaster auf‘
1617	Feuersbrunst in der Innenstadt
1619	Steinbrücke vorm Grimmaischen Tor
1625	Die Pest in Leipzig
1626	Wallenstein verfaßt Schutzbrief für Leipziger Messe
1631	Belagerung der Stadt durch Tilly
1632	Besetzung Leipzigs durch Wallenstein
1637	4 000 Pesttote (von 20 000 Einwohnern)
1639	Hungersnot
1642-50	Schwedische Besatzung
1646	Leibniz in Leipzig geboren
1649	Erste Tageszeitung der Welt erscheint in Leipzig
1654	Letzte ‚Säckung‘ (Hinrichtung durch Ertränken)
1670	Erste Bücher-Auktion

1672	Schriftband am Alten Rathaus angebracht
1677	Gründung der Stadtbibliothek
1678-87	Alte Handelsbörse erbaut, Leipzigs erster Barockbau
1681	Messe muß wegen der Pest verlegt werden
1696	Hugenotten siedeln in der Stadt
1698	Zar Peter der Große in Leipzig
1700	Erster Abwasserkanal Einführung des Gregorianischen Kalenders: 19. Februar bis 1. März fallen aus
1701	Erste Straßenbeleuchtung (700 Öl-Laternen) Zucht-, Spinn- und Waisenhaus eröffnet
1701-04	Romanushaus erbaut
1703	Telemann gründet das ‚Collegium musicum‘
1705	Privileg für die Adler-Apotheke
1707	Königshaus erbaut
1714	‚Fischerstechen‘ auf Leipzigs Flüssen eingeführt
1715	Erstes Gelehrten-Lexikon erscheint
1718	‚Kaffeebaum‘ wird Kaffeehaus (Relief 1723)
1719	Der Rat verbietet das Tragen von Schlafmützen auf den Straßen
1722-23	Peterstor erbaut (Baumeister: Pöppelmann)
1723	Johann Sebastian Bach wird Thomaskantor
1727	Die Neuberin gastiert zur Messe

Paulinerkirche und Fürstenhaus, Kupferstich von Gabriel Bodenehr, um 1700

Straßenmusik...

Bild links: Das „Haus zum Grönländer"
in der Petersstraße, ein Handelshaus aus
den Jahren 1749-50

Bild Seite 86/87: Blick über
Nikolaikirche, Hotel Inter-Continental
und Hauptbahnhof

*Alte Börse,
Kupferstich von
D. Bodenehr,
um 1700*

*Johann Sebastian
Bach als Leipziger
Thomaskantor,
Ölbild von Elias
Gottlieb Hauß-
mann, 1746*

1732-50	Zedlers Lexikon (64 Bände) erscheint in Leipzig
1745	Die Preußen in Leipzig (2. Schlesischer Krieg)
1746	Klopstock und Lessing werden immatrikuliert
1748-50	Barthels Hof erbaut
1749	Erster Stadtplan
1750	Johann Sebastian Bach gestorben
1755-56	Gohliser Schlößchen erbaut
1756-63	Preußen mehrfach in Leipzig (Siebenjähriger Krieg)
1764	„Königliche Zeichnungs- und Mahlerey-Akademie" gegründet
1765-68	Goethe studiert in Leipzig
1778	Gründung des ersten deutschen Taubstummen-Institutes durch Samuel Heinicke
1784	Göschen eröffnet eine Buchhandlung
1785	Schiller in Leipzig
1785-97	Klassizistischer Umbau der Nicolaikirche innen
1789	Mozart gibt ein Konzert im Gewandhaus
1803	Armenanstalt eingerichtet
1806	Napoleonische Truppen ziehen ein

1807	Leipziger Tageblatt erscheint Musikverlag Hofmeister gegründet
1811	Verlag Teubner gegründet
1812-21	Samuel Hahnemann, Begründer der Homöopathie, ist Arzt in Leipzig
1813	Oktober: Völkerschlacht, Richard Wagner in Leipzig geboren
1815	Wiener Kongreß teilt Sachsen. Leipzig liegt jetzt an der Grenze des Landes
1817	Brockhaus Verlag kommt nach Leipzig
1819	Clara Wieck in Leipzig geboren
1824	Letzte öffentliche Hinrichtung auf dem Marktplatz
1825	Börsenverein gegründet
1828	Reclam-Verlag gegründet
1831-36	Augusteum am Augustusplatz erbaut
1833	Lortzing kommt nach Leipzig
1834	Börsenblatt erscheint
1835	Mendelssohn-Bartholdy wird Gewandhauskapellmeister

Thomasschule, Thomaskirche und „Steinerner Wasserkasten", Kupferstich von J. G. Krügner (aus der Schulchronik von 1723

Die Festungswerke Leipzigs im Dreißigjährigen Krieg

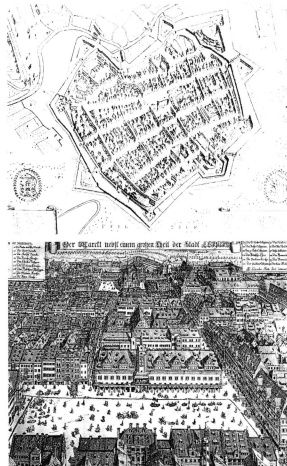

Markt und Rathaus, Kupferstich von J. G. Schreiber

1837	Tauchnitz-Verlagsbuchhandlung gegründet Gaswerk wird gebaut
1838	Gaslaternen als Straßenbeleuchtung
1839	Sachsen hat als erstes deutsches Land eine Fern-Eisenbahn (Leipzig–Dresden). Meyers Lexikon erscheint
1840	Gutenbergfeier (400 Jahre bewegliche Lettern) Eisenbahn Leipzig–Halle
1841-42	Fontane arbeitet in der Adler-Apotheke
1842	Schreberbad und Bayrischer Bahnhof eingeweiht
1843	Konservatorium gegründet, Altes Bachdenkmal enthüllt, ‚Leipziger Illustrierte Zeitung‘ erscheint
1864	Neuer Johannisfriedhof eröffnet, Gründung der Sächsischen Akademie der Wissenschaften
1849	Erste deutsche Frauenzeitschrift (Luise Otto-Peters)
1852	Erster deutscher Lehrstuhl für Augenheilkunde
1853	‚Gartenlaube‘ erscheint in Leipzig Pianofabrik Blüthner gegründet Buchhändler-Lehranstalt eröffnet
1855	Synagoge in der Gottschedstraße eröffnet Maschinenfabrik K. Krause (Druckmaschinen) Einführung des Schulturnens für Mädchen
1856-58	Bau des Kunstmuseums am Augustusplatz
1857	Max Klinger geboren
1860	Erster Pferde-Omnibus
1861	Leipziger Nachrichten erscheinen Seemann-Verlag nach Leipzig verlegt
1863	Lassalle gründet den ersten deutschen Arbeiterverein

1864	Schreberverein gegründet
1864-67	Neues Theater am Augustusplatz erbaut
1865	Druckwasserversorgung, erste Berufsfeuerwehr
1866	Erster deutscher Buchdruckertag in Leipzig. Leipzig von Preußen besetzt (Deutsch-Österreichischer-Krieg) Thieme-Verlag gegründet; Firma Willmar Schwabe wird erste deutsche Fabrik für homoöpathische Arzneimittel
1867	Reclams Universalbibliothek: Erstes Taschenbuch der Welt (Nr. 1: Goethes „Faust") Karl Marx' „Kapital" erscheint in Leipzig. Pferderennbahn Scheibenholz gegründet
1869	Museum für Völkerkunde eröffnet
1870	Über 100 000 Einwohner (achte Großstadt Deutschlands) Erster Schrebergarten Deutschlands

Messeszenen, Kupferstiche von Georg Emanuel Opitz, 1825

Das Denkmal
für den Philo-
sophen Gott-
fried Wilhelm
Leibniz (v. E.
J. Hähnel)
wurde 1883
am Thomas-
kirchhof auf-
gestellt. 1907
versetzte man
es in den Uni-
versitätshof,
nach den
Kriegszer-
störungen
schließlich vor
den Uniriesen
(1968-75)

Das Peterstor, erbaut im Mittelalter, vom Zwingerbaumeister Pöppelmann in barocken Formen erneuert, wurde 1863 abgebrochen. Kolorierter Kupferstich

1872	Pferdebahn (Straßenbahn) eröffnet
1872	Baedeker-Verlag kommt nach Leipzig
1874	Bibliographisches Institut kommt nach Leipzig
1877	Längster Kasernenbau Europas in Möckern wird fertig
1878	Gründung des Zoologischen Gartens (Pinkert)
1879	Reichsgericht eröffnet Erstes experimentalpsychologisches Laboratorium der Welt (Wundt) entsteht Erstes Telefon in Leipzig
1880	Zoo: Erster Leipziger Löwe geboren. Der „Duden" erscheint
1881	Johannapark wird städtisch Mey erfindet den Wegwerfkragen
1883	Erster Konsumverein (Plagwitz)
1884	Neues Gewandhaus eröffnet
1886	Südfriedhof eröffnet. Mendebrunnen enthüllt
1887-91	Universitätsbibliothek erbaut
1888	Schlachthof eröffnet
1891	Markthalle am Roßplatz eingeweiht

1893-1901	Bau des Städtischen Kaufhauses, erstes Messehaus der Welt
1894	Leipziger Volkszeitung gegründet Zentralbücherei für Blinde (erste in Deutschland) Musikverlag Peters gegründet
1895	Erste Mustermesse der Welt. Elektrische Straßenbeleuchtung. Reichsgerichtsgebäude eingeweiht Paul-List-Verlag kommt nach Leipzig Nikisch wird Gewandhauskapellmeister
1896	Grassimuseum eröffnet. Erste elektrische Straßenbahn Aussichtsturm auf dem ‚Scherbelberg‘ erbaut
1897	Abriß der Pleißenburg. Messe-Adreßbuch (Hinrichs)
1898	Erste deutsches Handelshochschule gegründet
1899	Palmengarten eröffnet
1899-1907	Neues Rathaus erbaut (Hugo Licht) mit dem höchsten Rathausturm Deutschlands
1900	Buchgewerbehaus eingeweiht
1901	Inselverlag kommt nach Leipzig
1902	Musikinstrumentenmuseum eröffnet
1903	Goethe-Denkmal enthüllt
1904	Ratskeller eingeweiht
1905	Elektrizitätswerk wird städtisch
1906	Erste Taxen, Mägdebrunnen
1907	Reichsgericht: Prozeß gegen Liebknecht Erstes Kino (Wintergartenstraße)
1908	Großes Bachdenkmal enthüllt. Erstes Messeplakat. „Riquet-Haus" im Jugendstil erbaut

VORNEHMSTES FAMILIEN-RESTAURANT

GROSSE UND KLEINE FESTSÄLE

Allabendlich Conzert

VEREINSZIMMER KEGELBAHNEN ETC.

RESTAURANT KÜNSTLERHAUS
Tel. 6428. LEIPZIG Bose Str. 9.

Jugendstilanzeige aus dem „Leipziger Kalender" von 1909

*Die Leipziger Innenstadt
ist reich an Durchgangshäusern
und Höfen (Katharinenstraße).*

*Bild Seite 95:
Im Hof des Bosehauses
befindet sich das Kabarett
„Leipziger Pfeffermühle".*

Das Völker-schlachtdenkmal im Bau (Aufnahme um 1910, im Besitz des Stadtgeschichtlichen Museums

1910 Rowohlt-Verlag gegründet
Größter Friedhofsbau Deutschlands: Südfriedhof

1912 Institution Deutsche Bücherei als erste deutsche Nationalbibliothek gegründet
Nr. 1 der ‚Insel-Bücherei' erscheint: Rilke

1913 Doppelstock-Busse.
Krankenhaus St. Georg eröffnet
Flugplatz Mockau. Russische Kirche.
Völkerschlachtdenkmal

1914 Erster Kongreß deutscher Schriftstellerinnen
Ausbruch des ersten Weltkriegs.
Mädlerpassage eingeweiht.
Bibliothekarfachschule gegründet

1914-16 Deutsche Bücherei erbaut

1915 Hauptbahnhof – größter deutscher Kopfbahnhof

1917 Leipziger Messeamt gegründet
Streik von 30 000 Leipziger Rüstungsarbeitern

1918 Übergreifen der November-Revolution auf Leipzig
Karl Straube wird Thomaskantor

1920 Erste Technische Messe der Welt (vier Hallen)

1922 Erstes deutsches Arbeiter-Turnfest
Furtwängler wird Gewandhauskapellmeister
Messe hat 32 000 ausländische Besucher

1924 Erste Sendung des Mitteldeutschen Rundfunks
Rundfunk-Sinfonieorchester Leipzig gegründet

1925 Untergrundmessehaus, erstes unterirdisches Messehaus der Welt, erbaut

1927-28	Kroch-Hochhaus (erster Stahlbetonbau Leipzigs) Großmarkthalle erbaut
1929	Bruno Walter wird Gewandhauskapellmeister
1931	Erste Große Leipziger Kunstausstellung
1933	Verbot der Leipziger Volkszeitung Reichstagsbrandprozeß. Mißliebige Künstler und Wissenschaftler werden vertrieben
1935	Stadtverordnetenversammlung wird aufgelöst
1938	Deportation von 5 000 Juden aus Leipzig. In der ‚Kristallnacht‘ werden die Leipziger Synagogen und viele andere jüdische Einrichtungen zerstört
1939	Ausbruch des Zweiten Weltkriegs. Leipzigs Museen werden geschlossen. Leipzig hat 707 000 Einwohner. Hasag AG, eine der größten deutschen Waffenfabriken
1940	Technische Messe geschlossen. In den Hallen arbeiten Rüstungsbetriebe (Kampfflugzeuge)
1943	Schwerster Bombenangriff. Leipzig hat noch 480 000 Einwohner
1945	18. April erste amerikanische Panzer in Leipzig, USA-Besatzung. 2. Juli Einzug der Roten Armee

Königsplatz, links Ruine „Panorama“, Mitte Ruine Markthalle, Aufnahme vom Turm des Neuen Rathauses 1950

Bild Seite 98/99: Alte und neue Pracht – an der Kreuzung von Torgauer und Eisenbahn-Straße.

1946	Erste Leipziger Nachkriegsmesse Universität wiedereröffnet. Volkshochschule eröffnet
1950-51	Wohnbauten Jahn-Allee
1952	Leipzig wird Bezirksstadt
1953	Ring-Bebauung. Universität bekommt Karl Marx' Namen
1954	Erstes Programm der „Leipziger Pfeffermühle" Hochwasser überschwemmt viele Straßen der Innenstadt
1956-60	Neues Leipziger Opernhaus
1961-63	Deutsche Zentralbücherei für Blinde erbaut
1961-64	Neues Hauptpostamt am Karl-Marx-Platz
1966	Zentralinstitut für Jugendforschung eröffnet Kabarett „academixer"
1968	Universitätskirche gesprengt
1968-75	Uni-Komplex mit Hochhaus erbaut
1969	Sachsenplatz gestaltet
1980-74	Wohnhochhaus Wintergartenstraße entsteht
1976	Grundstein für die Massensiedlung Grünau gelegt
1981	Gewandhaus-Neubau
1989	Montagsdemonstrationen in Leipzig
1990	Wiedervereinigung Deutschlands. Mit dem Beitritt nach Artikel 23 Grundgesetz wird Sachsen ein Bundesland und wieder Freistaat
1994	Eröffnung der größten überdachten Einkaufsfläche Deutschlands in Paunsdorf. Richtfest für die Neue Leipziger Messe vor den Toren der Stadt
1995	Größtes und modernstes Versandhaus der Welt eröffnet: „Quelle"

SUMMARY

THE CITY AND ITS ENVIRONMENTS

Cities are like people; if you want to get to know them you must ask them a few questions. You must look into their eyes. Try and find out what gave them wrinkles. Listen to their laughter and their sighs. Discover who caused the wounds which have left visible scars, what the companions looked like who made them happy, and the people who did them harm. You must know their patrons, their rivals, their helpers and their parasites. Finally, you must find out whether they did good or evil, or both in human proportion. A human being, a city: they are not black or white; not magnificent or atrocious; not infamous or exemplary. But they are a little bit of each.

Let us look her in the face, this city of ours. Her features are the streets lined with houses, her countenance is the architecture which tells the story of her development. Whenever the economy flourishes the city expands. In periods of decline, resulting from war, fire, pestilence or mismanagement it falls into decay.

Leipzig's first florescence lay in the 12th century when the market settlement expanded and received a town charter. Three centuries later the Imperial franchise to hold fairs brought a new upswing. By the 18th century the medieval fortifications had become a straitjacket and they had to make room for the growing traffic. A hundred years later the steam engine, the railways and electricity laid the foundations of the industrial revolution, which in its turn led to the expansion of the city. From 1945: reconstruction after the terrible destruction of the Second World War.

Housing was desperately needed and the legendary Trümmerfrauen ('rubble women') succeeded, almost with their bare hands, in making a

Stadtleben

space among the ruins to build new homes. After 1990, in the most radical upheaval of its history, the building fabric of the city is undergoing a renewal, the traditional structures are being modernized to an extent which raises the spectre of lost identity.

Compared with other cities the area surrounding Leipzig has only very modest charms. There are no mountains for many a mile. In the near vicinity ruthless open-cast mining of lignite has transformed riverside woods, fields and villages into moon landscapes. Of course, landscape architects are already at work, magically transforming these areas chewn up by excavators into recreation parks, adventure playgrounds or green hi-tech gardens of Eden. Perhaps one day the city will be able to sing the praises of its picturesque surroundings.

Leipzig's public parks and gardens are beautiful, and bigger than one would first assume. There are large city parks with stretches of water - Rosental next to the Zoo, the Palm Garden, and various other public parks. Auensee, which today boasts an international camping site, owes its existence to industrialization; it was excavated to build the main railway station. Lake Kulkwitz, today an eldorado for surfers and yachtspeople, is a recultivated opencast mining site.

LEIPZIG PEOPLE

Leipzigers are a comical lot. They are different from other Saxons. Leipzig was never a royal residence. That distinguishes its inhabitants from Dresdeners. There, a more elitist spirit prevails (it was the home of the royal court, the courtiers, the court suppliers) and more reserve. In Leipzig, by way of contrast, one senses the practical good sense of the merchants, the middle-class diligence, and the lack of respect characteristic of independent tradespeople. In Dresden the King was enthroned above their heads, in Leipzig the republic nestled in their heads.

What is meant by the proverbial description Kaffeesachsen (Coffee Saxons)? No other tribe has been so ridiculed on account of this brown beverage. The wealthy middle-class baroque house in the Barfußgäßchen ('Barefoot Alley') was the first coffee-house in Saxony. August the Strong whiled away his time here; Napoleon is said to have drunk coffee here. Even Johann Sebastian Bach, perhaps the most important Leipziger of all, took an interest in coffee and wrote the famous Coffee Cantata.

Eating and drinking in Leipzig, another tale to tell. Each of the typical specialities has an interesting story attached to it. For example, Leipziger Lärchen ('Leipzig Larks'). In former times people actually did catch larks with nets; the songbirds, slaughtered, plucked, and roasted in butter, were considered a delicacy. But then came the year 1860. On a summer's day there was a terrible thunderstorm. Hail pelted down. Afterwards masses of birds lay dead in the streets. That was the end of the roasted larks. The Leipzig bakers saw a gap in the market: so they invented the little cakes made of short pastry, jam and almonds which, as Leipziger Lärchen, are still very much in demand today. Leipziger Allerlei ('Leipzig Allsorts') is also well known beyond the city boundaries. It is a vegetable stew of kohlrabi, peas, carrots, cauliflower and asparagus also containing crustacean tails and morels. Crustaceans in the central German plain? In the last century swarms of brook crayfish still sported in the Pleiße and Parthe and their gullies.

Vor dem Opernhaus wurden
Figuren aus dem Giebelfries des
„Neuen Theaters" aufgestellt,
ein Bauwerk von C. F. Lang-
hans (1867), das im Zweiten
Weltkrieg durch Bomben
zerstört worden war.

Bild links:
Das Neue Gewandhaus am
Augustusplatz (eröffnet 1981)
ist der dritte Gewandhausbau
der Stadt. Die Innenausmalung
stammt von Sighard Gille.

ARCHITECTURE AND ART

Leipzig's perhaps most beautiful piece of architecture is the Old City Hall, a Renaissance building. The architect Lotter achieved the astonishing feat of completing it between two Fairs.

When the New City Hall (less beautiful than the older one but with 900 rooms) was opened in 1912 several city councillors were in favour of demolishing Lotter's magnificent building but fortunately good sense prevailed over the philistines.

The Gothic St Thomas's Church, in which J. S. Bach was cantor from 1723 until his death in 1750, and in front of which his statue now stands, is an attraction for tourists from all over the world. This building has a bizarre feature: its central axis is slightly bent. The ground on which the church was erected left the builders no alternative.

Apart from the Old City Hall there is little to recall the Renaissance period. The beautiful oriel of Barthelshof was transferred to the courtyard side during structural alterations; Deutrichshof in the Reichsstraße had to make room for an ugly panel-system building during the GDR period.

Friends of baroque architecture will find a number of remarkable examples in the city centre, for example the Old Exchange behind the City Hall (with a statue of Goethe in front of it), the Ratswaage on Market Square, the Fregehaus, the Bosehaus and the Romanus-Haus with its putti.

A special architectural feature of Leipzig are its arcades. Protected from the weather one can stroll from one shop to another. The most famous is the Mädler arcade from which one can descend the steps into the historical restaurant called Auerbach's Cellar. It was here that the 'ride on a barrel' in Goethe's Faust is supposed to have taken place.

Apart from the Old City Hall there is a second identifying landmark in Leipzig: the massive and bombastic Memorial to the Battle of the Nations in the south-east of the city. It consists of 300,000 tons of granite and was built (1900-1913) at a cost of six million gold Marks.

As far as the fine arts are concerned, Leipzig has one of the best reputations in Germany. The College of Art has a very good name. Goethe's art teacher was its first Rector; the sculptor Max Klinger was on the staff from 1897. The 'Leipzig School' is an established term in art criticism; this was the home ground of Max Schwimmer, the illustrator with the lightest of touches; many of the best representatives of GDR art worked here, including the triple constellation of Heisig, Mattheuer and Tübke. Mention must also be made of the Museum of Fine Art with highly-esteemed works by Lucas Cranach, Franz Hals, Ruisdael, Pieter de Hooch, Tintoretto, Titian, Peter Paul Rubens and famous Romantics.

LEIPZIG – A CITY OF MUSIC

The genius Johann Sebastian Bach, who for many musicologists represents the absolute summit of musical achievement, wrote some 300 church cantatas here, the St John Passion and St Matthew Passion, the Mass in B minor, the Well-tempered Clavier and the Art of the Fugue. The St Thomas School, of which he was cantor is today still one of Germany's three world famous boys' choirs.

Equally famous is the Gewandhaus orchestra directed by Kurt Masur. Its history is perhaps best illustrated by a short list. The conductors before Masur were: Hiller, the inventor of the Singspiel, Mendelssohn-Bartholdy, Nikisch, Furtwängler, Bruno Walter, Abendroth and Konwitschny. All of them names to conjure with, men who achieved world renown for them-

*Bild Seite 110:
Die russische
Gedächtniskirche
St. Alexi, erbaut
nach Plänen von
Wladimir Propo-
wski im Stil einer
alten russischen
turmkirche, ist
eine Gedenk-
stätte für die in
der Völker-
schlacht gefalle-
nen russischen
Soldaten.*

*Jugendstil-Grabmal
auf dem Südfriedhof*

selves and the city. Richard Wagner and Clara Wieck were born here; Robert Schumann, Heinrich Marschner and Albert Lortzing had close links with Leipzig.

THEATRE AND LITERATURE

Caroline Neuber, who has gone down in history as 'die Neuberin', was the principal of an acting company and wrote an important chapter in the annals of German theatrical history. It was she who banished the slapstick zany from the German stage. The Opera House, the Schaulspielhaus, Theatergärten, Kleine Bühne, Poetisches Theater and the Hinterhoftheater, the stages that are the world, offer many a tasty morsel in Leipzig today. For those in the know the satirical revue theatres are a sure bet; apart from the Leipziger Pfeffermühle (Pepper Mill) there are four others in the city.

Goethe spent his student years in Leipzig, Schiller lived in Gohlis for a few months and wrote his Don Carlos and "Ode to Joy" there. Gotthold Ephraim Lessing was a student at theUniversity of Leipzig.

Speaking of literature, it is impossible to ignore another feature of the city: the concentration of publishers there. With names such as Brockhaus, Teubner, Reclam, Tauchnitz, Insel, Thieme, Meyer, Göschen, Baedecker and many other illustrious imprints, this was once the very centre of German book production. The Deutsche Bücherei was the first national library in Germany.

TRADE AND COMMERCE

In the early years it was the artisans who laid the foundations of prosperity - the bakers, butchers, brewers, tanners, clothmakers, goldsmiths, etc. As early as the 16th century it was a proud boast that "Leipzig surpasses all the cities of Germany in the magnificence of its buildings" and the sumptuous business houses and merchandise stores, and the Fair buildings with their arcades,came into being – veritable palaces of commerce. The University was founded in 1409. Thomas Müntzer, Agricola, Tycho de Brahe, Lessing, Klopstock, Goethe, Fichte, Novalis, Schumann, Wagner, Mehring, Erich Kästner and Georg Maurer were students here. The most prominent of them all was G. W. Leibniz, probably the most important German polymath.

Industrialization had a beneficial effect and in 1838 the first Saxon issuing bank was founded. In 1870 Leipzig became Germany's eighth officially-recognized big city. The great main station was built, which once upon a time was counted among Europe's great attractions – the biggest terminal railway station in Germany.

Under the Nazis Leipzig became a centre of the arms industry, especially for the Luftwaffe. After the Second World War , despite considerable burdens, there was an economic upswing. As early as 1946 a Leipzig Fair once again opened its doors. Later, Leipzig's economy suffered an obvisus decline. As the city's houses crumbled so did the will to carry on as before. The Wende, the political upheaval of 1989-90, set the stage for a new boom. The main railway station will once again be one of the most attractive in Germany. Leipzig is on the move again and its eyes are on the future.

Bild Seite 114/115: Die Große Rosental-Wiese ist an Sonntagen ein Tummelplatz naturhungriger Familien

HISTORY

The Sorb settlement called Lipzi (by the lime trees) dating from AD 800 was the seed from which our city grew. In the Middle Ages a number of monasteries and convents were set up here and became centres of learning but it was also a time of terrible catastrophes, including fires and outbreaks of plague and cholera. Guilds were established. The population increased gradually. Tax registers show that prosperity was continuously growing. City walls were erected.

The Reformation, which spelled the end of the Middle Ages, found fertile soil in the city. Luther himself first preached from the pulpit of St Thomas's in May 1539. The Thirty Years' War, a consequence of the Reformation, brought great suffering for the population. Following the terrors of Tilly's siege, a new plague epidemic broke out killing one person in five. There was also terrible loss of life in the Seven Years' War, and the chain of slaughter continued. The Battle of the Nations, fought near Leipzig in 1813, is a landmark in European history. Three hundred thousand allied troops (Russians, Austrians, Swedes and Prussians) confronted Napoleon's army of 190,000. At the end of the day the battleground was littered with corpses and many thousands of wounded needed attention.

The Jewish population always played a significant part in Leipzig. In 1925 there were 13,000; in 1989 only 36. In 1938 their seven synagogues were set on fire in the fascist progrom: their human rights were trampled under Nazi jackboots. Five thousand Jews were deported to death camps and very few returned from the gas chambers of Auschwitz, Treblinka...

On the outbreak of the Second World War the population of the city had resched a peak of 707,000. In 1943 retribution began and the worst air raid destroyed large parts of the inner city, including irreplaceable architectural treasures. More than a thousand pesple died and 4 000 were injured.

In April 1945 American tanks trundled into the city but three months later the intermezzo of US occupation came to an end when the Red Army took over.

The German Democratic Republic was founded in 1949 and Leipzig became one of fourteen county towns. The city suffered a painful loss in 1968 when the Gothic church of St Paul was demolished for redevelopment.

Finally, the so-called peaceful revolution of 1989 began in Leipzig and led in turn to the political upheaval of the Wende and the re-unification of Germany. History, the past, is at an end. With the Wende Leipzig's future has begun.

LEIPZIG, A FACTORY FOR IDEAS

Many new trends had their origin in this city. A few examples: In 1649 the printer Ritsch acquired a "licence to publish a newspaper". His was the first daily newspaper in the world and as the Leipziger Zeitung it continued to appear until the middle of the present century. The first alphabetical encyclopaedia, Zedlers Großes Vollständiges Universal-Lexikon aller Wissenschaften und Künste, came from Leipzig. The first volume appeard in 1732 and volume 64 (sixty-four) in 1750.

In 1796 the Leipzig physician Samuel Hahnemann invented homoeopathy, which is today an established part of medical treatment worldwide.

The owner of the publishing house Philipp Reclam jun. wanted to put world literature into the hands of the less well off. His vision became reality in 1867 with the appearance of Goethe's Faust as Volume 1 of Reclams Universal Bibliothek. Each booklet cost only 30 Pfennige. The first paperback in the world was on the shelves.

The Leipzig physician Schreber invented the allotment garden that in Germany was named after him - the Schrebergarten. The idea soon spread

Am Promenadenring, einer Parkanlage im englischen Stil, findet man das Schillerdenkmal, eine Marmorstele von J. Hartmann (1914)

Bild Seite 119: Das Schillerhaus in der Menckestraße, ein um 1700 erbautes Bauernhaus, in dem Schiller 1785 das „Lied an die Freude" dichtete, ist Überbleibsel einer dörflichen Siedlung und wird als Schiller-Gedenkstätte genutzt.

throughout Germany and beyond its frontiers. Thus, one might say that the idea of active recreation came from late-19th-century Leipzig.

Mey, a Leipzig businessman, developed a detachable shirt-collar which was so cheap that one could throw it away after a few days' wear. Mey took out a patent on it. So one can say that the throw away society was born in Leipzig in 1881.

Samuel Heinicke, another Leipzig physician, was the first to open a school for the deaf and dumb in 1778. The year 1894 saw the opening of a library for the blind, again the first in Germany. It supplied literature in braille to the visually handicapped throughout the German-speaking countries.

This incomplete list of typical Leipzig inventions should not be concluded without a reference to the idea that citizens can overcome the narrow-mindedness of an outdated regime by defying the rules they no longer wish to tolerate. That they did not demand "We want to leave!" from those who in any case had shut them in, but rather "We're staying here!". Leipzig showed the Germans how to make a revolution. Not with fanaticism. Not with barricedes and violence. Not with the help of foreign powers. But quite simply with intelligence.

LIST
OF PICTURES

*In derselben Straße wird die sprunghafte Veränderung bildhaft sichtbar
(Aufnahmen am selben Tag aufgenommen – Rosa-Luxemburgstraße)*

Bild Seite 126/127: Blick über Thomaskirche und Altes Rathaus zur Großen Rosen-tal-Wiese

BLACK-AND-WHITE PHOTOS

HIER WEILTE
NAPOLEON
AM 15. OCTOBER 1813.
DIE KAEMPFE DER
VOELKERSCHLACHT
BEOBACHTEND.

Der Napoleonstein in der Nähe des Völkerschlacht-denkmals ist einer von vielen Gedenksteinen, die an die Schlacht bei Leipzig im Oktober 1813 erinnern.

Bild Seite 131: Gletscherstein-Pyramide aus Findlingen, in einer Grün-anlage im Südosten Leipzigs

RÉSUMÉ

LA VILLE ET
SES ALENTOURS

Les villes sont comme les êtres humains: s'il on veut vraiment faire leur connaissance, on se doit de les interroger et de les regarder droit dans les yeux. On se doit d'essayer de connaître l'origine de leurs rides tout en écoutant leurs rires et leurs soupirs et, par la même, reconnaître ceux qui leur ont infligé ces blessures qui laissèrent tant de cicatrices apparentes. À quoi ressemblèrent ces compagnons qui firent leur bonheur et ceux-là qui leur firent du mal? Il faut apprendre à distinguer leurs bienfaiteurs, leurs rivaux, leurs soutiens et leurs pique-assiette. Et conclure cette investigation en constatant si elles oeuvrèrent en faveur du bien, favorisèrent le mal ou bien si elles réussirent à concilier l'un et l'autre dans une proportion humaine. Un être humain, une ville ne sont pas noirs ou blancs, glorieux ou pitoyables, maudits ou exemplaires. Ils sont au contraire un peu de tout cela.

Regardons-la droit dans les yeux, notre ville. Ses traits sont à l'image du tracé de ses rues. Son visage est l'architecture qui porte les stigmates témoignant de toutes les évolutions éprouvées par une ville. Sitôt l'économie florissante, la ville s'étend, alors qu'elle déchoit durant les périodes de déclin engendrées par les guerres, les incendies, les épidémies, les récessions.

C'est au 12ème siècle, date à laquelle elle reçoit le statut communal et que les colonies de marchands et d'artisans s'étendent, que Leipzig connaît sa première période de prospérité. Trois cents ans plus tard, son essor est assuré par le privilège impérial des foires. Au 18ème siècle, le corset étroit que forment les fortifications médiévales doit s'incliner face à un trafic croissant. Et c'est un siècle plus tard que la machine à vapeur, le chemin de fer et l'électricité jettent les bases de la révolution industrielle entraînant, à son tour, une expansion urbaine. À partir de 1945 s'amorce une phase de reconstruction après les ravages de la Seconde Guerre mondiale. L'habitat fait défaut. Les "Trümmerfrauen" légendaires (Femmes allemandes surnommées "déblayeuses" dans l'Allemagne en ruines de 1945) réussiront, souvent à l'aide de leurs seules mains, à faire ressurgir des décombres un site adéquat à l'établissement d'une ville habitable. Le bouleversement le plus spectaculaire de son histoire, après 1990, s'accompagne d'une rénovation fondamentale du secteur du bâtiment; les structures existantes sont à tel point modernisées que le risque d'une perte d'identité se profile à l'horizon.

Comparés à d'autres villes, les alentours de Leipzig n'offrent que de très modestes attraits. Partir à la recherche de montagnes est une opération vouée à l'échec. L'exploitation de la lignite dans le voisinage immédiat a impitoyablement transformé en paysages lunaires bosquets, prairies, champs et villages. Il est vrai que des paysagistes sont déjà à pied d'oeuvre afin d'accomplir des prodiges en transformant en aires de détente ou d'aventures ou encore en paradis verdoyants de la haute technologie ces lopins de terre rongés par les excavatrices. La ville se glorifiera peut-être un jour alors d'un site pittoresque.

Les espaces verts de Leipzig sont attrayants et plus étendus qu'on ne le supposerait de prime abord. De grands parcs urbains équipés de jeux d'eau, tels que le Rosental ou le Palmengarten à proximité du Zoologischer Garten (jardin zoologique), côtoient de plus petits parcs. L'Auensee, lac sur les bords duquel se trouve à présent un terrain de camping international, doit son existence à l'industrialisation. Il s'agissait à l'origine de la fouille prévue pour la gare centrale. Le Kulkwitzer See, paradis des véliplanchistes et plaisanciers n'est autre qu'une exploitation à ciel ouvert réaménagée.

Völkerschlachtdenkmal (1889-1913 nach Plänen von B. Schmitz) wurde zum 100. Jahrestag der Schlacht bei Leipzig eingeweiht.

LES GENS DE LEIPZIG

Les habitants de Leipzig sont de joyeux drilles. Ils se différencient en ce sens quelque peu des autres Saxons. Leipzig ne fut jamais résidence, ce qui distingue ses habitants de ceux de Dresde où une attitude plus élitiste, plus distante est de rigueur (de par la cour, les fonctionnaires de la cour, les fournisseurs de la cour).

Ici en revanche, on ressent plutôt le bon sens pratique des négociants, le zèle bourgeois, l'irrévérence des "affranchis". Le roi trônait là-bas au-dessus des têtes alors qu'ici l'idée de république faisait son nid dans les esprits.

Qu'en est-il de la notion de Kaffeesachsen (Expression faisant allusion au fait que les Saxons sont connus pour être des adeptes inconditionnels du café!)? Nul peuple autre que les Saxons n'a autant fait l'objet de railleries à propos de cette sombre boisson. Le "Coffebaum" (Au Caféier), maison bourgeoise baroque située dans la Barfußgäßchen, fut le premier établissement de café en Saxe. C'est ici qu'August der Starke (Auguste le Fort) banqueta. On prétend que Napoléon y prit également son café. Même le plus prestigieux des habitants de Leipzig, Jean-Sébastien Bach, porta intérêt à cette boisson nationale saxonne et composa la célèbre Kaffee-kantate (Cantate au café).

Le boire et le manger constituent à Leipzig un domaine bien à part. Une histoire digne d'être rapportée est associée à chaque mets typique. Prenons par exemple les "Leipziger Lerchen" (Alouettes de Leipzig). Ces oiseaux chanteurs étaient en effet capturés à l'aide de filets, saignés et plumés. Frits dans du beurre, ils étaient réputés pour être un mets délicat. C'est alors que vint l'année 1860 et qu'un orage survint par une journée d'été. La grêle s'abattit assommant en masse les oiseaux dans les rues. C'en était fini des alouettes! Les boulangers de Leipzig profitèrent du créneau: ils créèrent ces petits gâteaux faits en pâte brisée, avec de la confiture et des amandes, encore très prisés à l'heure actuelle sous le nom de "Leipziger Lerchen" (Alouettes de Leipzig).

Le "Leipziger Allerelei" (macédoine), potée composée de chou-rave, de pois, de carottes, de chou-fleur et d'asperges, sans oublier les morilles et les queues d'écrevisses, est connu bien au-delà des limites de la ville. Des écrevisses dans la plaine basse d'Allemagne centrale? Encore au siècle dernier, "l'écrevisse aux pattes rouges" abondait dans la Pleiße, la Parthe et leurs affluents.

ARCHITECTURE
ET ART

Le plus bel édifice de Leipzig est sans nul doute l'ancien hôtel de ville (Altes Rathaus), bâtiment Rennaissance. Lotter, l'architecte, réussit le tour de force de le construire entre deux foires commerciales en 1556.

Lorsque le nouvel hôtel de ville (Neues Rathaus) (moins joli que l'ancien mais disposant de 900 pièces) fut achevé en 1912, certains édiles projetèrent de démolir le superbe édifice de Lotter. Par chance, le bon sens put l'emporter face aux ignares.

La Thomaskirche, église gothique, où J.S. Bach occupa de 1723 jusqu'à sa mort en 1750 la charge de maître de chapelle et directeur musical (Kantor) et devant laquelle un monument est élevé à sa mémoire, est un centre d'attraction pour les touristes du monde entier. L'édifice présente une particularité tout à fait originale: son axe central est légèrement fléchi. Le terrain de fondation ne permit pas de faire autrement.

Mis à part l'hôtel de ville, peu de chose rappelle la Rennaissance. Le bel encorbellement du "Barthels Hof" fut transféré côté cour lors des travaux de transformation de la maison; le "Deutrichs Hof", situé dans la Reichstraße, dut céder la place à l'époque de la RDA à une horrible construction en plaques de béton. Les adeptes de l'art baroque trouveront dans le centre de remarquables édifices, tels que l'ancienne bourse du commerce située derrière l'hôtel de ville (devant celle-ci se dresse le monument à la mémoire de Goethe), le Ratswaage (Ancien Poids Public) sur la place du Marché, le Fregehaus et le Bosehaus ainsi que le Romanushaus orné d'angelots.

Les galeries marchandes sont une particularité architectonique de Leipzig. Il est possible de flâner ,à l'abri des intempéries, durant des heures entières d'un magasin à un autre. La galerie la plus connue est le Mädlerpassage (passage des Jeunes- Filles) d'où l'on peut accéder à l'Auerbachs Keller (Cave d'Auerbach historique). C'est ici qu'eut lieu, à ce qu'on dit, le "Faß-ritt"(chevauchée à califourchon sur un fût), scène décrite par Goethe dans Faust.

Près de l'ancien hôtel de ville (Altes Rathaus) se trouve une autre "marque de fabrique de la ville", l'imposant Völkerschlachtdenkmal (monument commémorant la bataille des Nations), au sud-est, composé de 300 000 tonnes de granit et qui coûta 6 millions de mark-or.

Pour ce qui est des beaux-arts, Leipzig est une des meilleures adresses en Allemagne. L'École supérieure des beaux-arts jouit d'une bonne réputation. Oeser, professeur de dessin de Goethe, en fut le premier recteur et le sculpteur Max Klinger y occupait depuis 1897 une chaire de professeur. La "Leipziger Schule" reste un concept immuable des sciences artistiques; Max Schwimmer, l'illustrateur à la main légère, y avait élu domicile. Les meilleurs représentants de l'art en RDA, parmi eux les trois figures de proue Heisig, Mattheuer et Tübke, y travaillèrent.

Il ne faut surtout pas oublier le musée des beaux-arts avec ses tableaux authentiques fort appréciés (Cranach, Franz Hals, Ruisdael, Pieter de Hooch, Tintoretto, Tizian, Rubens ainsi que de célèbres romantiques).

LEIPZIG, VILLE DELA MUSIQUE

Le génial Jean-Sébastien Bach, pour beaucoup de musicologues summum de l'art musical, a composé en ces lieux 200 cantates religieuses, la Johannes- und Matthäuspassion (Passion selon saint Jean et saint Matthieu), la h-Moll-Messe (messe en si mineur), le "Wohltemperierte Klavier" et la "Kunst der Fuge". Le Thomanerchor figure parmi les trois choeurs d'enfants d'Allemagne les plus célèbres au monde.

Tout aussi connu est le Gewandhaus dirigé par Kurt Masur. Une simple énumération suffit à illustrer son histoire. Les chefs d'orchestre qui précédèrent Masur furent : Hiller qui créa le vaudeville (Singspiel), Mendelssohn-Bartholdy, Nikisch, Furtwängler, Bruno Walter, Abendroth, Konwitschny; des noms prestigieux synonymes de réputation mondiale pour eux-mêmes et pour la ville. C'est ici que Richard Wagner et Clara Wieck virent le jour; Robert Schumann, Heinrich Marschner, Albert Lortzing étaient fortement attachés à Leipzig.

THÉATRE ET LITTÉRATURE

Caroline Neuber, surnommée la "Neuberin", directrice d'une célèbre troupe de théâtre écrivit à Leipzig un chapitre important de l'histoire du théâtre allemand : elle bannit de la scène le "Hanswurst" (arlequin). L'Opernhaus (Opéra), le Schauspielhaus (Théâtre), les Theatergärten (théâtres de plein air), la Kleine Bühne (Petite Scène), le Poetisches und Hinterhoftheater (théâtre poétique et d'arrière-cour), les planches, portes ouvertes sur le monde, offrent encore à Leipzig à l'heure actuelle plus d'une oeuvre de choix. Un bon tuyau : les cabarets qui, outre le "Leipziger Pfeffermühle", sont au nombre de quatre.

Goethe passa de joyeuses années d'études à Leipzig, Schiller vécut quelques mois à Gohlis où il rédigea "Don Carlos" et son "Lied an die Freude" (Hymne à la joie). Gotthold Ephraim Lessing étudia à l'université de Leipzig.

Qui parle de littérature ne peut ignorer un phénomène de Leipzig : le quartier des maisons d'édition. Brockhaus, Teubner, Reclam, Tauchnitz, Insel, Thieme, Meyer, Göschen, Baedeker et beaucoup d'autres noms réputés firent de Leipzig le centre de l'art allemand du livre. La Bibliothèque allemande „Deutsche Bücherei" est la première bibliothèque nationale allemande.

DU COMMERCE ET DES TRANSFORMATIONS

Ce furent des artisans tels que les boulangers, les bouchers, les brasseurs, les tanneurs, les drapiers et les orfèvres qui, par le passé, jetèrent les fondements de la prospérité. Dès le 16ème siècle, on glorifiait: " De par la somptuosité de ses maisons, Leipzig surpasse toutes les villes d'Allemagne". Les somptueuses cours de commerce et de marchandises, les maisons des foires avec leurs galeries marchandes, de véritables palais du commerce furent érigés.

L'université fut fondée dès 1409. C'est ici qu'étudièrent Müntzer, Agricola, Tycho de Brahe, Lessing, Klopstock, Goethe, Fichte, Novalis, Schumann, Wagner, Mehring, Erich Kästner et Georg Maurer. L'étudiant le plus éminent est sans nul doute G.W. Leibniz, prestigieux érudit universel.

L'industrialisation s'avéra très profitable. La première banque d'émission saxonne naquit dès 1838. En 1870, Leipzig occupait la huitième place parmi les grandes villes d'Allemagne. On procéda à la construction de la gare centrale, qui allait devenir par la suite une attraction européenne au titre du plus grand terminus ferroviaire d'Allemagne!

À partir de 1933, les nazis firent de Leipzig un centre d'armement (industrie aéronautique). Après la Seconde Guerre mondiale, un essor économique s'amorça tout d'abord en dépit des considérables accablements. Une foire fut organisée dès 1946. Mais l'économie de Leipzig fut condamnée par la suite à un déclin perceptible et progressif. Les maisons se délabrèrent à leur tour progressivement tout comme la volonté d'aller de l'avant, mot d'ordre du passé.

La "Wende" (bouleversements de RDA en 1989/90) fut le signal d'un nouvel essor. Les maisons et galeries marchandes furent rénovées. La gare centrale est appelée à être à l'avenir une des plus belles gares de la région. Leipzig s'est remis en marche en se tournant résolument vers l'avenir.

DE L'HISTOIRE DE LEIPZIG

Notre ville doit son origine à la colonie sorabe du nom de Lipzi „Bei den Linden" (là où poussent les tilleuls) remontant à l'an 800. Le Moyen-Âge, période durant laquelle les monastères devinrent des centres culturels, fut ponctué d'effroyables catastrophes : incendies de la ville, épidémies de peste et de choléra. Des corporations se constituèrent. La population s'accrut progressivement. Les registres des contributions attestent d'une prospérité en croissance continue. Un mur d'enceinte fut érigé.

La Réforme, qui mit un terme au Moyen-âge, trouva un terrain favorable dans la ville. Pour la première fois en 1539, Luther occupa en personne la chaire de la Thomaskirche. La guerre de Trente Ans, conséquence de la Réforme, affligea considérablement les habitants. Outre les horreurs du siège soutenu par Tilly, une nouvelle épidémie de peste se déclara, décimant un cinquième de la population. La guerre de Sept Ans exigea également un lourd tribut en victimes. La série de massacres n'en finit pas. La bataille des Nations (Völkerschlacht) de 1813 marquera l'Histoire européenne. 300 000 soldats des troupes alliées (Russes, Autrichiens, Suédois et Prussiens) firent face aux armées de Napoléon fortes de 190 000 hommes. Des cadavres jonchèrent finalement tout le champ de bataille et des milliers de blessés durent être secourus.

La population juive, qui s'élevait à plus de 13 000 personnes en 1925, fut toujours importante à Leipzig. En 1989, ils n'étaient plus que 36! Cinq mille juifs de Leipzig furent déportés en 1938. Beaucoup d'entre eux périrent dans les chambres à gaz d'Auschwitz et de Treblinka alors qu'on incendiait les sept synagogues et piétinait la dignité humaine.

Au début du second conflit mondial, la ville avait atteint son niveau de population le plus élevé: 707 000. La plus lourde attaque aérienne en 1943 détruisit considérablement le centre ainsi que beaucoup d'édifices irremplaçables. Cette attaque aérienne coûta la vie à plus d'un millier de personnes et en blessa 4 000.

En avril 1945, les chars américains entrèrent dans la ville. Après un intermède d'à peine trois mois d'occupation américaine, ce fut l'arrivée de l'Armée Rouge.

La RDA sera fondée en 1949. Leipzig, tout comme quatorze autres villes, deviendra alors Bezirksstadt (capitale de district). La Paulinerkirche, église gothique, qui sera dynamitée en 1968 représentera une grande perte pour la ville.

C'est également à Leipzig que naîtra "la Révolution pacifique" de 1989 qui entraînera la "Wende" et la réunification de l'Allemagne. C'en est fini de l'Histoire et du passé. Un nouvel avenir pour Leipzig s'amorce avec cette Wende.

LEIPZIG,
USINE À IDÉES

De tout temps, la ville fut le berceau de nombreuses tendances. Prenons quelques exemples: en 1649, l'imprimeur Ritzsch se fit accorder un "privilège pour la publication d'un journal". Connu sous le nom de "Leipziger Zeitung", ce journal sera le premier quotidien au monde et subsistera jusqu'au milieu de notre siècle. Le premier lexique alphabétique voit également le jour ici. Il s'agit du "Zedlers Großes Vollständiges Universal-Lexikon aller Wissenschaften und Künste". Le premier volume paraît en 1732, le 64ème en 1750 (!).

Samuel Hahnemann, médecin originaire de Leipzig, mis au point en 1796 l'homéopathie qui reste jusqu'à l'heure actuelle une branche indispensable de la pratique médicale mondiale.

L'éditeur, Philipp Reclam Jun., voulut permettre aux plus défavorisés d'avoir accès au monde de la littérature. Son dessein devint réalité en 1867. Le Faust de Goethe fut publié dans le premier volume de "Reclams Universalbibliothek". Chaque livret était vendu au prix de 30 Pfennig. Le premier livre de poche au monde était né.

Le docteur Schreber de Leipzig inventa les "Schrebergärten" (jardins pour ouvriers) qui se répandirent bientôt dans toute l'Allemagne et même plus tard au-delà des frontières. La notion de détente active naquit dans le Leipzig de cette époque appelée "Gründerzeit" (après 1871).

Mey, entrepreneur de Leipzig, inventa et fit breveter un col en papier robuste si bon marché qu'on pouvait le jeter après l'avoir porté plusieurs fois. La "société de consommation" prit son envol en 1881 à Leipzig.

Samuel Heinicke, également médecin de Leipzig, fut le premier à créer en 1778 une école pour sourds-muets. Une bibliothèque pour aveugles, la première en Allemagne, fut aménagée en 1894 afin d'offrir aux non-voyants de tous les pays de langue allemande une littérature rédigée en braille.

On ne saurait conclure ce répertoire des innovations de Leipzig, qui est loin d'être exhaustif, sans souligner ce principe selon lequel les citoyens peuvent triompher de l'étroitesse d'esprit d'un régime suranné en tenant tête à ces détenteurs du pouvoir qu'ils ne peuvent plus supporter. Sans exiger de ceux qui les ont bel et bien enfermés : "Nous voulons sortir!", mais: "Nous restons ici!". Les habitants de Leipzig ont montré aux Allemands comment mener une révolution. Sans fanatisme et sans haine. Sans barricades ni violence. Sans l'appui de puissances étrangères. Mais tout simplement en faisant appel à l'intelligence.

LÉGENDES DES PHOTOGRAPHIES

Foto de jaquette:

L'ancien hôtel de ville (Altes Rathaus) sur la place du Marché (Markt), de construction Rennaissance, fut conçu par Hieronymus Lotter, architecte municipal (1556).

pages 2/3   Vue sur le centre-ville. L'hôtel Inter-Continental, la Thomaskirche, le bâtiment du jardin d'hiver (Wintergarten-Hochhaus), le nouvel hôtel de ville (Neues Rathaus) et le bâtiment de l'université (Universitätshochhaus) dominent.

page 6   La Thomaskirche, église conventuelle de style gothique flamboyant (1482-96 par Roder), futur lieu d'activité de J. S. Bach

page 7   Monument de Carl Seffner (1908) à la mémoire de Jean-Sébastien Bach derrière la Thomaskirche.

page 10   Vitrail à l'intérieur de la Thomaskirche datant du 19ème siècle

page 11   Le Thomanerchor est l'un des trois célèbres choeurs d'enfants allemands.

pages 14/15   La vue à partir du bâtiment de l'université donne un aperçu de l'intense activité actuelle dans le domaine de la construction

page 18   Mercure, le dieu antique des négociants et des voleurs, se trouve dans une niche du Romanushaus. La sculpture est sans doute l'oeuvre de B. Permoser, créateur des sculptures du Zwinger de Dresde (Château de Dresden).

page 19   Une partie du Burgplatz réaménagé

pages 22/23   Le Mädlerpassage (passage des Jeunes-Filles) est une des plus jolies galeries marchandes de Leipzig. À l'entrée de l'Auerbachs Keller (cave d'Auerbach), deux groupes de figures de M. Molitor (1914) rappellent le "Faßritt" (chevauchée à califourchon sur un fût) du Faust de Goethe.

page 26   Après les destructions durant la Guerre de Schmalkalden, la ville de Leipzig érigea en 1551 la Moritzbastei qui forme aujourd'hui les derniers vestiges de ce que fut l'enceinte de la ville. Ses salles sont utilisées entre autres par le club d'étudiants. Des expositions variables ont lieu sur son toit. En arrière-plan, le nouveau Gewandhaus (Nouvelle halle au drap) de 1981.

provient du *Fürstenhaus (Maison Princière)* construit en 1558 dans la *Grimmaichen Straße* et détruit durant la Seconde Guerre mondiale. L'intérieur de l'église fut remodelé dans les années 1784-97 par Carl Dauthe et A. F. Oeser.

LÉGENDES DES PHOTOGRAPHIES NOIR ET BLANC